DES INTÉRÊTS.

THÈSE

POUR LE DOCTORAT

PRÉSENTÉE A LA FACULTÉ DE DROIT DE CAEN,

ET SOUTENUE PUBLIQUEMENT LE 22 AOUT 1861,

par

Exupère CAILLEMER,

AVOCAT A LA COUR IMPÉRIALE DE CAEN.

CAEN,

CHEZ A. HARDEL, IMPRIMEUR-LIBRAIRE,
RUE FROIDE, 2.

—

1861.

AF329824

8° Fₐ 15902

SUFFRAGANTS :

MM. TROLLEY , professeur.
BERTAULD , id. , président.
CAUVET , id.
TRÉBUTIEN, id.
CAREL , agrégé.

DES INTÉRÊTS.

THÈSE

POUR LE DOCTORAT

PRÉSENTÉE A LA FACULTÉ DE DROIT DE CAEN,

ET SOUTENUE PUBLIQUEMENT LE 22 AOUT 1861,

par

Exupère CAILLEMER,

AVOCAT A LA COUR IMPÉRIALE DE CAEN.

CAEN,

CHEZ A. HARDEL, IMPRIMEUR-LIBRAIRE,
RUE FROIDE, 2.

1861.

Caen, typ. de A. HARDEL.

DES INTÉRÊTS.

Un jurisconsulte philosophe, dont la science pleure encore la mort prématurée, M. Lerminier, a dit avec bonheur : Le droit, c'est la vie. — Il n'est pas rare, en effet, de trouver dans nos Codes des institutions qui semblent inhérentes à l'existence même des hommes, qui ont préoccupé dès le début du monde les sages et les législateurs, et qui ont traversé les siècles au milieu des luttes et des controverses, pour venir encore, à soixante siècles de distance, s'offrir à nous comme objet de querelles, de méditations et d'études.

Telle est la grande question de l'intérêt de l'argent. Le premier législateur dont les œuvres nous soient parvenues, Moïse, qui, sous une inspiration divine, donnait au peuple hébreu ces lois si supérieures aux législations des peuples primitifs, consacrait de nombreux articles à réglementer cette matière, et depuis cette époque reculée jusqu'à la loi de 1807, jusqu'aux pamphlets virulents de l'école socialiste et jusqu'aux études plus sérieuses que l'économie politique, si jeune encore et si puissante déjà, enfante chaque jour, une série non interrompue de témoignages imposants nous atteste combien les questions que nous allons aborder ont ému tous les peuples.

Quoique le but de ce travail soit surtout et principalement d'étudier la législation qui nous régit sur les intérêts de l'argent, j'ai cru que tous ces grands problèmes ne pouvaient être passés sous silence, et j'ai voulu, avant d'aborder l'étude même de nos textes, examiner rapidement le côté philosophique et le côté historique de mon sujet.

ÉTUDES PHILOSOPHIQUES.

De toutes les sciences qui, au XIXe. siècle, ont
trouvé d'éminents interprètes, aucune n'a exercé sur
les esprits une influence plus grande que l'économie
politique. Cette science que l'antiquité avait ignorée,
que le moyen-âge n'avait pas entrevue, est presque
d'hier, et cependant ses conquêtes sont déjà innombrables. C'est qu'il est difficile de ne pas s'intéresser
vivement à une étude qui se propose comme but
d'accroître et de développer le bien-être des individus et des peuples, de rechercher et d'augmenter
les causes des richesses, et d'arriver ainsi à fournir
une satisfaction à ces besoins si impérieux de la nature humaine qui, à un jour donné, ne se contente
plus seulement du nécessaire, mais réclame bientôt
le superflu et la richesse.

Là, toutefois, était un danger qui pouvait menacer
l'économie politique. D'excellents esprits qui identi-
fiaient par trop l'œuvre et le fondateur, se rappe-
lant l'époque et les noms de ceux qui ont jeté les
bases de cette puissante conception, sentant aussi la
justesse de cette pensée des sages de l'antiquité, que

l'homme est né pour souffrir (1), et voyant que toutes ces tentatives de bien-être ne semblaient se préoccuper que du corps et des jouissances physiques, ont accusé l'économie politique de conduire fatalement au matérialisme. Disons-le bien vite, les économistes eux-mêmes encourageaient, que dis-je? propageaient même ces reproches. Pour quelques-uns, l'idéal à poursuivre, c'était le culte de la jouissance, l'amour du plaisir, et, par là même, l'anéantissement de ces doctrines spiritualistes qui prêchent à l'homme l'abnégation et le sacrifice.

Grâce à Dieu! leurs désirs impies ne se sont pas réalisés, et les fils des sensualistes du XVIIIe. siècle n'ont pas tardé à voir quelle alliance puissante la science des Turgot et des Necker contracterait le jour où elle s'assimilerait les nobles principes du spiritualisme. Aussi, les écrits des interprètes les plus autorisés de cette science proclament aujourd'hui à l'envi qu'elle est le meilleur auxiliaire de la morale ; car l'humanité, pour ses développements moraux et intellectuels, appelle le loisir et le bien-être. Or, le vrai but que l'économie politique doit se proposer, c'est *la création du loisir moral* (2).

L'Académie des sciences morales et politiques elle-même a reconnu et proclamé l'existence de ces relations de l'ordre le plus élevé, lorsque, il y a quelques années à peine, elle provoqua de remarquables

(1) *Vivere, mi Lucili, militare est.* Sénèque, lettre 96.
(2) Rondelet, *Du spiritualisme en économie politique.* Introduction.

travaux sur la détermination des rapports de la morale et de l'économie politique ; et, si l'on pouvait conserver encore quelques illusions sur ce point, les livres de M. Rapet, de M. Rondelet, de M. Leymarie seraient là pour dissiper tous les doutes et pour établir jusqu'à l'évidence que l'économie politique, tout en cherchant la satisfaction de nos besoins physiques, ne tend pas au matérialisme, mais se propose, lorsqu'elle est sainement entendue, le développement de notre moralité.

A l'abri de ces quelques réflexions, qui m'ont paru indispensables pour bien établir mes croyances sur ce point, je vais succinctement parcourir les questions qui se rattachent à mon sujet et dont l'importance est trop évidente pour qu'il soit besoin de l'établir. La notion du capital et de ses produits, la légitimité de l'intérêt et des lois qui le réglementent, c'est ce que nous allons rapidement discuter.

I.

Si nous demandons à la science économique ce que c'est qu'un capital, la réponse ne se fera pas attendre, et chacun des illústres publicistes qui ont fait de cette étude l'objet de leurs méditations, a cru devoir en donner une définition. Le malheur est qu'ils sont loin de s'accorder entre eux, et que rien n'est moins définitif que la solution que recevrait notre question.

On comprend aisément que nous ne voulons pas

essayer de discuter le mérite des définitions qui, aujourd'hui, ont encore cours dans la science. Cette étude intéressante nous conduirait trop loin sans utilité immédiate pour notre travail. Je me bornerai à dire que, pour moi, le capital est un produit épargné et accumulé, destiné à la reproduction.

Tout produit offrant ces caractères, quel qu'il soit, non-seulement cette portion de la richesse créée, destinée par sa nature à changer de forme et à passer de main en main, comme l'argent et ces objets manufacturés qui garnissent nos magasins t attendent un acheteur, mais encore ces objets qui sont un agent de production dans les mains du propriétaire lui-même sans avoir à subir de déplacement et de mise en mouvement, qui ne demandent pas à être authentiqués par l'échange, comme les machines qui garnissent une usine et les immeubles dont on retire des loyers et fermages, en un mot, tout ce qui sert à la production d'une richesse nouvelle, est un capital.

Nous ne devons donc pas comprendre dans le capital le fonds de consommation, cette portion de la richesse créée qui est immédiatement utilisée pour la satisfaction des besoins de la vie. Il peut, à la vérité, devenir dans les mains de celui qui le reçoit du producteur une source de produits, et, par conséquent, un capital; mais jamais il ne revêt cette forme dans les mains du producteur lui-même.

Nous n'y comprendrons pas davantage cette portion de la richesse sociale qui n'est pas destinée à la reproduction. Les tableaux qui couvrent les parois d'un musée, les livres qui ornent les rayons d'une bibliothèque, les bijoux qui servent de parure à la femme, les meubles précieux qui remplissent nos salons, sont presque toujours des objets essentiellement improductifs, et ils ne deviennent capital que le jour où l'on songe à les métamorphoser et à les faire rentrer dans le commerce auquel on les avait dérobés pour un temps.

Un des éléments les plus importants du capital, celui-là même qui, dans les idées vulgaires, en est le symbole le plus complet, c'est l'argent, c'est la monnaie. Les quelques explications dans lesquelles nous venons d'entrer indiquent suffisamment que ce n'est là toutefois qu'une partie du capital et que tout capital n'est pas monnaie. Elles établissent, en même temps, que toute monnaie n'est pas capital, mais seulement cette portion de la monnaie qui est destinée à la reproduction. Celle que l'on emploie chaque jour pour subvenir aux nécessités de l'existence fait partie du fonds de consommation et ne constitue pas un capital.

Un premier point nous est déjà acquis : tout capital fixe ou circulant, immeuble ou monnaie, est productif.

II.

Ces notions générales établies et admises, quels sont les produits que l'on peut retirer d'un capital?

Ces produits sont habituellement désignés sous le nom de loyers et d'intérêts. Mais on applique plus spécialement la première de ces expressions aux produits du capital fixe, la seconde à ceux du capital circulant ; et nous trouvons là le germe de la grande querelle sur laquelle nous allons avoir maintenant à nous expliquer.

Comme l'individu qui prête un capital fixe ne doit retrouver plus tard ce même capital que détérioré par l'usage qui en a été fait, on l'autorise à recevoir de celui auquel il l'a prêté une indemnité, un loyer représentatif du service rendu et de la détérioration.

Au contraire, celui qui prête un capital circulant, recevra plus tard, non pas les choses mêmes qu'il a prêtées, mais des valeurs égales, et, partant, il n'y a pas alors pour lui de chances de détérioration ; l'intérêt, dans ce cas, doit être seulement la représentation du service rendu.

Mais ici nous rencontrons une des questions qui ont le plus vivement préoccupé les siècles antérieurs. Je veux parler de la légitimité ou de l'illégitimité de l'intérêt, question fameuse qui aujourd'hui est à peu près définitivement résolue et qui ne provoque plus que de rares discussions.

Par suite de la différence que nous venons d'indiquer entre le loyer et l'intérêt, on a été amené à justifier l'un, à prohiber l'autre. L'homme qui se prive d'un objet sujet à détérioration peut faire payer ce service ; mais lorsqu'il doit retrouver plus tard des valeurs égales à celles qu'il a prêtées, lorsqu'il est à l'abri des chances de détérioration, il ne peut rien réclamer.

C'est surtout pour la partie la plus importante du capital circulant, pour l'argent, que la question a été vivement agitée. Retirer un intérêt de l'argent prêté ! Mais l'argent est stérile, il est improductif ! Comment voulez-vous en faire une source de revenu ?

C'est là une argumentation qui n'est pas d'hier. Le grand génie d'Aristote avait été frappé par cette idée. L'argent, disait-il, ne devrait servir qu'à l'échange. L'intérêt qu'on en tire le multiplie lui-même ; les pères sont ici absolument semblables aux enfants ; l'intérêt, c'est de l'argent issu de l'argent, et, de toutes les acquisitions, c'est celle qui est le plus contre nature.....

Si nous voulions suivre la longue série des philosophes qui ont tenu le sceptre de la science depuis le chef des Péripatéticiens jusqu'à nos jours, on serait étonné de voir quelle imposante majorité a rallié cette opinion. Et cependant, malgré ces raisonnements, l'espèce humaine ne s'effrayait pas des anathèmes que Caton faisait pleuvoir sur elle ; elle ne cherchait pas à répondre scientifiquement aux arguments des sages ; elle se bornait à retirer paisiblement un intérêt de son argent, attendant avec patience le jour où un novateur puissant chercherait à établir que la foule avait raison contre les philosophes.

Singulier exemple de la faillibilité des idées individuelles ! Il nous remet en mémoire ces paroles d'un illustre publiciste anglais : « La majorité des

hommes éminents de chaque génération passée a
soutenu beaucoup d'opinions regardées aujourd'hui
comme erronées, et fait ou approuvé nombre de choses
que personne ne justifiera aujourd'hui. Comment se
fait-il alors qu'il y ait eu, en somme, parmi l'espèce
humaine, une prépondérance d'opinion rationnelle et
de conduite rationnelle ? Si cette prépondérance existe
réellement, elle est due à une qualité de l'esprit hu-
main, à savoir que ses erreurs sont corrigibles. Il est
capable de rectifier ses méprises par la discussion et
l'expérience. Non pas par l'expérience seulement : il
faut la discussion pour montrer comment l'expérience
doit être interprétée. Les opinions et les coutumes
fausses cèdent graduellement devant le fait et l'argument ; mais, pour que les faits et les arguments produisent quelque impression sur l'esprit, il faut qu'on
les lui présente (1). »

La réaction se fit attendre long-temps. Ce ne fut que
lorsque les doctrines théologiques, qui contribuaient
à éloigner toute controverse d'une question en apparence résolue, furent attaquées par la Réforme, dont
la devise était le libre examen et la discussion, que les
véritables principes commencèrent à se produire dans
le monde. Les attaques dirigées contre la théorie qui
avait si long-temps et si exclusivement dominé en souveraine, furent vives, et, dans les lettres de Calvin,
on trouve quelque chose de l'amertume et de la viva-

____

(1) *La Liberté*, par J. Stuart Mill. Traduction de M. Dupont-White,
édit. 1860, p. 34 et 35.

cité de nos pamphlétaires contemporains. « L'argent, dit-on, n'enfante pas l'argent ! Et la mer le produit-elle ? Est-il le fruit d'une maison pour laquelle pourtant je reçois un loyer ? L'argent naît-il, à proprement parler, des toits et des murailles ? Non. Mais la terre produit, la mer porte des navires qui servent à un commerce productif, et avec une somme d'argent on peut se procurer une habitation commode. Si donc il arrive que l'on retire d'un négoce plus que de la culture d'un champ, pourquoi ne permettrait-on pas au possesseur d'une somme d'argent d'en retirer une somme quelconque, quand on permet au propriétaire d'un champ stérile de le donner à bail moyennant un fermage ? Et lorsqu'on acquiert à prix d'argent un fonds de terre, est-ce que ce capital ne produit pas un revenu annuel ? Quelle est cependant la source des profits que fait un marchand ? Son industrie, direz-vous, et son activité intelligente ! Qui doute que l'argent que l'on n'emploie pas soit une richesse inutile ? Celui qui demande à un emprunteur un capital veut apparemment s'en servir comme d'un instrument de production. Ce n'est donc pas de l'argent même que provient le bénéfice, mais de l'emploi qu'on en fait. »

En 1787, les lettres sur l'usure de Jérémie Bentham complétèrent la démonstration. Elles établirent non-seulement la légitimité des intérêts, elles prouvèrent même leur utilité pour l'emprunteur. « Bien qu'une darique soit aussi incapable d'engendrer une darique que d'engendrer un bélier ou une brebis, un homme cependant, avec une darique empruntée, peut acheter un bélier et deux brebis qui, laissés ensemble, doivent probablement au bout de l'année produire deux ou trois agneaux : en sorte que cet homme en venant, à l'expiration de ce terme, à vendre son bélier et ses deux brebis pour rembourser la darique, et en donnant, en outre, un de ses agneaux pour l'usage de cette somme, doit encore se trouver de deux agneaux ou d'un au moins plus riche que s'il n'avait point fait ce marché. »

Raisons qui nous semblent péremptoires, et sur lesquelles il nous paraît inutile d'insister ! On n'a pu encore leur trouver de réponse.

III.

Le procès était presque gagné ; l'accord s'établissait entre tous les partis ; l'Église elle-même, qui pendant long-temps avait résisté, était entrée dans la voie des concessions. — Le socialisme intervint alors et souleva de nouvelles difficultés en appelant la controverse sur un nouveau terrain.

Il ne s'agissait plus de discuter en principe sur la légitimité ou l'illégitimité de l'intérêt, de reproduire les arguments des docteurs et des théologiens : l'Église n'avait jamais rien entendu à cette matière, et sa casuistique, depuis le Christ jusqu'à Pie IX, était tout simplement absurde en condamnant l'intérêt (1).

____

(1) Proudhon, 4ᵉ. lettre à Fr. Bastiat., édit. 1850, p. 137.

Mais voici quels étaient les raisonnements de M. Proudhon : Une chose peut être vraie, juste et légitime dans un temps, et fausse, inique et criminelle dans un autre temps. Le prêt à intérêt a été dans un temps légitime, lorsque toute centralisation démocratique du crédit et de la circulation était impossible. Il ne l'est plus, maintenant que cette centralisation est devenue une nécessité de l'époque, partant, un devoir de la société, un droit du citoyen : l'intérêt, c'est le vol (1).

Je n'entrerai pas dans l'exposé des nombreux arguments par lesquels les défenseurs de la thèse de la gratuité du crédit cherchaient à justifier leur système. Cette révolution tout à la fois politique, économique et scientifique, se réduisait à ceci : multiplier et égaliser les richesses sur la terre en y jetant une pluie de papier monnaie. C'était là tout le mystère, et, suivant les expressions d'un éminent publiciste, le *conclusum,* l'*ultimatum,* le *desideratum* du socialisme (2).

Singulière utopie, qui eut l'honneur d'être combattue par un des hommes qui ont le plus contribué à vulgariser l'économie politique ! Il faut lire les documents du procès, ces lettres si mordantes et si vives dans lesquelles Frédéric Bastiat s'attaquait à chacun des arguments que le grand-prêtre du socialisme mettait en avant, et, par sa logique rigoureuse, par ses exemples décisifs, contraignait son adversaire

(1) Proudhon, 2ᵉ. lettre à Bastiat, p. 66.
(2) Bastiat, 5ᵉ. lettre à Proudhon, p. 213.

à recourir à des armes qui ne sont plus celles de la science: l'outrage et l'insulte. — Ce qui a été vrai autrefois l'est encore aujourd'hui: la justice n'a pas changé et l'intérêt n'est pas plus illégitime au XIXe. siècle qu'il ne l'était à l'enfance des sociétés. L'ordre et la conservation de la société ne sont pas attachés à l'abolition de l'intérêt. La conscience sociale, loin de protester contre l'état de choses existant, en provoque le développement et l'extension. Et, s'il y a quelque chose d'anti-social, de contraire à l'idée de justice et de morale, c'est cette conception de la gratuité du crédit, du papier-monnaie sans garantie et sans limite, idée contemporaine et voisine de ces rêves humanitaires, Icarie, Phalanstère, Triade, que l'expérience a jugés, et qui n'ont eu d'autre résultat que de jeter le désespoir dans le cœur des malheureux qui avaient été entraînés par ces décevantes chimères.

Non, l'intérêt n'est pas illégitime; il n'est pas immoral; et ce ne peut être que dans l'exaltation d'une folie misanthrope, que cette grande intelligence, qui affectait de vouloir régénérer la société, alors que ses efforts ne tendaient qu'à la dissoudre, n'a pas craint d'écrire, et je n'ose même reproduire toutes ses expressions: « Va donc, capital; va, continue d'exploiter ce misérable peuple! Consume cette bourgeoisie hébétée; pressure l'ouvrier; rançonne le paysan; dévore l'enfance; prostitue la femme; et garde tes faveurs pour le lâche qui dénonce, pour le juge qui condamne, pour le soldat qui fusille, pour l'es-

clave qui applaudit..... Malédiction sur mes contemporains (1)! »

Devant de pareils blasphèmes, on ne peut que gé-
mir et déplorer l'aveuglement de ceux qui, pour arriver au bonheur de l'homme, se contentent de lui
offrir la satisfaction de tous ses besoins matériels,
sans songer à développer en lui ces immortels principes de morale et de justice qui seuls pourraient
préserver la société du gouffre où l'on soutient
qu'elle va s'engloutir.

IV.

Nous venons de légitimer en principe l'intérêt.
Nous pouvons voir maintenant, sans éprouver de
répulsion, l'emprunteur qui s'adresse au capitaliste
et promet de lui rendre le capital prêté et l'intérêt
de ce capital. — De quels éléments devra être composé
cet intérêt? — La loi peut-elle d'avance en fixer le
taux, ou ne vaut-il pas mieux en laisser la détermination aux parties contractantes?

Ces questions sont aujourd'hui résolues en droit
par la loi de 1807. Mais le silence que les rédacteurs
du Code Napoléon ont gardé sur ce point, les décrets
de 1814, les tentatives faites en 1836 et en 1850 pour
modifier les règles qui sont encore aujourd'hui en
vigueur, les protestations qui tout récemment se sont
élevées sous la plume d'un éminent magistrat et
dans la bouche d'un éloquent publiciste au milieu de

---

(1) Proudhon, 4ᵉ. lettre à Bastiat, p. 157.

l'Assemblée des représentants de la France, ne permettent pas de regarder comme définitive la législation qui nous régit (1).

Qu'il nous soit donc permis d'aborder ce problème en nous appuyant sur les données de la science économique.

On s'accorde assez généralement pour reconnaître que deux éléments entrent dans la formation de l'intérêt : d'abord la privation qui résulte pour le prêteur de l'abandon qu'il fait à un emprunteur de son capital ; et, en second lieu, les chances de non-remboursement que court le prêteur. L'intérêt représente donc le loyer proprement dit de l'argent et une prime d'assurance.

Les partisans de la gratuité du crédit se débarrassent de ces deux éléments en établissant, entre l'humanité tout entière, une immense solidarité, et en soutenant qu'il n'y a pas privation pour le capitaliste, puisque les capitaux qu'il prête, s'il ne les prêtait pas, resteraient stériles entre ses mains.

(1) Le système de la liberté du crédit a, dans ces dernières années, fait de nombreuses conquêtes parmi les jurisconsultes et les publicistes. Déjà en 1838, devant l'Académie des sciences morales et politiques, M. Rossi proclamait qu'il ne peut échapper à l'observateur attentif que la société commence à éprouver quelque gêne et à ne plus se sentir complètement à l'aise dans les limites posées par nos Codes (*Mémoires de l'Académie des sciences morales*, t. II. de la 2e. série, p. 278 et suiv.). Je rencontre la même pensée sous la plume de M. Lerminier : « L'économie politique exerce une influence nécessaire sur les prescriptions des lois. Ainsi, quand Bentham démontre que l'usure ne blesse la liberté et les intérêts de personne, et qu'il est aussi licite de vendre l'argent que toute autre marchandise, l'usure doit cesser d'être un délit social. » (*Philosophie du droit*, 3e. édition, p. 443). — Telle

Il n'est pas besoin de s'arrêter à réfuter ce système de la solidarité universelle. C'est encore là un de ces rêves que nous ne verrons jamais réalisés. La seconde objection n'est guère plus fondée. Le prêteur pourrait, au lieu de laisser ses capitaux stériles et improductifs, les employer à l'achat d'immeubles et d'instruments qui seraient pour lui une source de produits. L'argument, d'ailleurs, ne s'attaquerait pas seulement au prêt à intérêt. Il pourrait aussi s'appliquer à tous les contrats : « Celui qui a trois châteaux, dont deux lui sont à peine connus et qui n'en habite qu'un seul..., pourra être réduit à la portion congrue par le législateur, sans éprouver de privation... (1) » S'il s'abstenait de louer sa maison, elle ne lui rapporterait aucun produit. Il peut donc

est encore l'opinion de M. Rivière (*Examen du régime de la propriété mobilière en France*, 1854, p. 146 et suiv.), et de M. Kœnigswarter (*De la réforme des lois qui régissent le taux de l'intérêt*, Revue critique de législation et de jurisprudence, t. XI, p. 443 et suiv.). — Lors de la discussion de l'adresse votée par le Corps législatif, dans la séance du 11 mars 1861, M. Kœnigswarter a insisté sur la nécessité d'abroger au plus tôt la loi surannée de 1807 sur l'usure, loi publiquement et manifestement violée tous les jours, loi inutile aujourd'hui par suite de la rapidité des communications, de l'extension du crédit et de la concurrence de nombreux établissements financiers (*Moniteur du 12 mars 1861*, p. 339. col. 3). — C'est aussi l'avis de M. Romiguière (*Du prêt à intérêt, de l'usure et de la loi du 3 septembre 1807*), de M. le conseiller Renouard (*Du droit industriel*), et de M. le baron de Veauce (Séance du 28 mai 1861, Corps législatif, *Moniteur* du 29 mai 1861, p. 762, col. 4). — Je suis heureux de pouvoir m'abriter derrière l'imposant cortége de ces puissantes autorités.

(1) Baudrillart, *Manuel d'économie politique*, 1857, p. 354.

l'abandonner gratuitement à un locataire sans éprouver de privation ; de même pour tous les autres
contrats.

Reconnaissons donc qu'il faut tenir compte de la
privation et des risques dans la fixation de l'intérêt.

Mais ces deux éléments sont essentiellement variables. Dans les contrées où le capital est abondant
et où la richesse publique est florissante, la privation
et les risques appelleront une rémunération moindre
que lorsque le capital sera rare et la situation financière tendue et embarrassée. Le taux de l'intérêt doit
donc assez naturellement subir le contre-coup des
événements qui se produisent dans le milieu où il se
fixe, et on a de la peine à légitimer à ce point de vue
les lois qui tracent, long-temps à l'avance, une limite
que l'on ne saurait dépasser sans tomber sous l'application d'une sanction pénale.

Pour défendre les déterminations légales, on s'est
attaché à dépeindre les conséquences déplorables que
l'usure exagérée a toujours produites dans les nations :
*Sane vetus Urbi fœnebre malum, et seditionum, discor-
diarumque creberrima causa* (1). On invoque les sou-
lèvements du peuple romain, ses retraites sur le mont
Sacré, ou sur le mont Aventin ; on rappelle la ruine
des familles, les désastres de l'agriculture, de l'industrie et du commerce ; et l'on arrive à cette conclusion : Il est indispensable de mettre un terme à ces
maux en fixant, sinon arbitrairement, au moins d'une

____

(1) Tacite. *Annales*, l. VI, n°. 16, éd. Dézobry, p. 254.

façon très-approximative de la vérité des choses, l'intérêt qu'il sera permis de retirer de son argent.

Ces raisons, dont on ne peut se dissimuler l'importance, ne sont pas cependant décisives. Et sans dire avec Montesquieu que les lois extrêmes dans le bien font naître le mal extrême, et que le résultat d'une loi sur l'usure sera de faire payer pour le prêt de l'argent, et pour le danger des peines de la loi (1), il faut bien reconnaître que l'argument, s'il était vrai. devrait être généralisé et étendu à la majeure partie des contrats. Pour la fixation d'un loyer, ne doit-on pas tenir grand compte de la facilité que l'on peut avoir pour se procurer une demeure, et des garanties de solvabilité et de convenance que présente le locataire ? — Pourquoi, d'ailleurs, si elle est nécessaire, restreindre cette protection accordée à l'emprunteur au cas seulement où il s'agit d'un prêt d'argent ? Dans l'état actuel de notre législation, rien ne s'oppose à ce qu'un homme, qui prête un capital autre que l'argent, stipule tel intérêt qu'il jugera convenable. Celui qui emprunte aujourd'hui deux hectolitres de froment, peut très-valablement s'obliger à remettre au prêteur, à l'expiration du délai d'un an, trois hectolitres de mêmes céréales. Dans ces divers cas, on ne se préoccupe pas de la possibilité des abus.

La liberté du crédit, voilà ce qu'il est permis de souhaiter à notre époque, et ce que, je le crois du moins, l'avenir nous réserve. Il fut un temps où, pour

____

(1) *Esprit des Lois*, livre XXII, chap. xxi, *ad finem*.

les denrées, on crut pouvoir établir cette législation du *maximum* dont le nom seul rappelle une période désastreuse pour notre pays. Cette législation a disparu, et tous ont dû s'en réjouir, producteurs et consommateurs. Le même phénomène se représentera, lorsque le Conseil d'État croira pouvoir proposer l'abolition de la loi de 1807. Des abus se produiront peut-être d'abord, et les imprudents en seront les victimes. Mais les choses ne tarderont pas à prendre une allure régulière et fixe. L'argent, comme les denrées, aura son cours normal ; et, si les données de l'expérience économique ne sont pas mises en défaut, il est permis d'espérer que, grâce au fonctionnement harmonieux de notre organisation sociale, grâce à ces puissantes institutions de crédit auxquelles nos populations sont déjà habituées à recourir en cas de détresse, grâce à l'abondance de l'or et de l'argent sur nos marchés, en dehors des temps de crise, les prêts seront centralisés dans des mains désintéressées, et le taux de l'intérêt baissera plutôt qu'il n'augmentera. Qu'on nous permette de reproduire ici les expressions imagées, sous lesquelles Turgot formulait cette pensée, que la baisse de l'intérêt est l'indice d'un grand progrès économique, et nul ne peut contester que nous ne soyons entrés dans cette voie : « On peut regarder le prix de l'intérêt comme une espèce de niveau au-dessous duquel tout travail, toute culture, tout commerce cessent. C'est comme une mer répandue sur une vaste contrée. Les sommets des montagnes s'élèvent au-dessus des eaux et forment des îles fertiles et cultivées. Si cette mer vient à s'écouler, à mesure qu'elle descend, les terrains en pente, puis les plaines et les vallons paraissent et se couvrent de productions de toute espèce. Il suffit que l'eau monte ou s'abaisse d'un pied pour inonder ou pour rendre à la culture des plages immenses. C'est l'abondance des capitaux qui ranime toutes les entreprises, et le bas intérêt de l'argent est tout à la fois le fait et l'indice de l'abondance des capitaux. »

La loi de 1807 a été inspirée par un sentiment de bienveillance pour les emprunteurs. Il ne faut pas se dissimuler, cependant, que le but proposé est rarement atteint. Il est à peine inutile de rappeler ces moyens détournés par lesquels on veut échapper à la loi, qui embarrasseraient la subtilité des jurisconsultes romains eux-mêmes, et devant lesquels le magistrat est souvent désarmé ! L'expérience est là d'ailleurs pour montrer que, dans certaines circonstances, les principes de la loi sur l'usure doivent fléchir dans l'intérêt sainement entendu de tous, même des emprunteurs ; et à l'argument que l'on peut puiser, pour fortifier cette opinion, dans les décrets des 15 et 18 janvier 1814, dans l'ordonnance du 7 décembre 1835 et dans la loi du 19 juillet 1857, il n'y aura jamais de réponse. Une loi qui doit cesser de recevoir son application dans les temps de crise, à l'époque seulement où elle pourrait offrir quelque utilité, est-elle donc d'une justification si facile ?

Les législations étrangères nous prouveraient elles-mêmes que l'on peut, sans inconvénient, laisser toute liberté aux parties contractantes pour fixer elles-mêmes les clauses de leur conventions. Si les rédacteurs du Code Napoléon, élevés sous l'empire d'une législation qui proscrivait partout et toujours l'intérêt de l'argent, ont été bientôt effrayés par les conséquences de leur œuvre dans un temps de guerre et d'incertitude, ne pouvons-nous pas leur opposer avec confiance l'exemple donné par les nations qui nous avoisinent, par l'Angleterre surtout, si riche et si commerçante, et qui cependant ne connaît rien de pareil à notre loi de 1807 ; par l'Espagne, par la Hollande, par le Piémont (1)? Et, au moment où nous écrivons ces lignes, le Reichsrath autrichien vient d'être saisi d'un projet de loi supprimant les dispositions légales sur le taux de l'intérêt (2).

(1) Les États-Unis d'Amérique ont aussi adopté le principe du libre taux de l'intérêt. — Parmi les législations qui sont entrées dans cette voie nous pourrions citer: le Code pénal autrichien de 1803; le Code pénal de Saxe (1838, art. 293 à 304); le Code pénal de Nassau (1849); le Code pénal de Wurtemberg (1839, art. 355); le Code pénal de Brunswick (1840) et les art. 287 et suivants de la loi Hanovrienne du 25 mai 1847, dont aucun ne reconnaît le délit d'usure dans les matières commerciales. — En matière civile, nous mentionnerons : les distinctions proposées par les art. 993 à 995 du Code civil autrichien ; l'art. 2895 du Code de la Louisiane; les Codes de Hanovre, de Nassau, du canton de Lucerne, de Wurtemberg, du grand-duché de Hesse, de Bavière (1813, art. 261), du grand-duché de Bade (1845, art. 533), de Thuringe et des duchés saxons (art. 286). — La Prusse elle-même qui, dans son Code pénal de 1851, avait adopté les principes de la législation française, a déjà suspendu l'application des dispositions relatives à l'usure.

(2) Compte-rendu des séances de la Chambre des députés du Conseil de l'empire autrichien. Séance du 11 mai 1861. Discours de M. de Schmerling, ministre d'État.

Est-ce à dire que les parties contractantes seront à la merci l'une de l'autre, et qu'un usurier habile pourra valablement dépouiller un emprunteur trop faible et trop confiant? Non assurément: de même que, dans le contrat de vente, la loi protége le vendeur qui s'est dessaisi à vil prix de sa chose, de même, dans le prêt à intérêt, la loi sauvegardera l'emprunteur imprudent qui aura accepté des conditions déraisonnablement onéreuses. Dans tout contrat, il est une des parties qui dicte la loi à l'autre: dans la vente, l'acheteur; dans le louage, le locateur; dans le *mutuum*, le prêteur; c'est à leur encontre que la loi doit prendre des précautions et exercer, dans l'intérêt social, une active vigilance.

Ce n'est pas que j'adopte la conclusion à laquelle arrivait récemment l'auteur d'un livre, dont on peut ne pas accepter toutes les solutions, mais aux intentions duquel on doit rendre hommage comme à tout ce qui émane d'un noble et généreux sentiment. M. Marin-Darbel, en présence de la formule trop large sous laquelle les économistes contemporains présentent la thèse de la liberté du crédit, a cru devoir protester dans l'intérêt des emprunteurs. Pour lui, la limite des intérêts, c'est le bénéfice loyalement probable ou possible. Au-delà, la convention est usuraire: elle constitue un vol sur les fruits du travail d'autrui et doit tomber sous l'application de la loi pénale: « Le législateur est inhabile, il est vrai, à désigner un taux fixe dans les innombrables transactions particulières d'où doit ressortir un intérêt. Mais le juge, lui, est toujours apte à distinguer, par l'étude des circonstances concomitantes, si le taux est intérêt ou usure. — N'y a-t-il pas une foule de cas où pareille appréciation est requise de lui..... (1)? »

Je ne crois pas que la thèse doive être ramenée à ces termes. Du moment que nous combattons dans l'intérêt de la liberté du crédit, il ne faut pas ainsi lui mesurer l'espace et l'emprisonner dans un cercle où elle succomberait bientôt. Si le système de M. Marin-Darbel était appelé à triompher, la Justice verrait le seuil de ses temples assiégé par la foule des emprunteurs, venant déposer leurs plaintes et soutenir que l'intérêt exigé a dépassé tous les produits présumables; et des juridictions spéciales suffiraient à peine à des procès sans cesse renaissants. L'auteur n'a pas vu que ses excellentes intentions arriveraient à rendre impossible la doctrine pour laquelle il a si chaleureusement combattu.

Pour relever le vendeur de ses engagements, la loi veut qu'il éprouve une lésion énorme! C'est qu'il ne faut pas que l'on se joue facilement de la foi promise : *Grave est fidem fallere* ! De même aussi, pour que l'emprunteur soit admis à se plaindre, il ne suffira pas d'une légère différence entre le produit présumable et l'intérêt fixé par la convention ; il faudra la preuve d'une lésion.

Mais lorsque le juge aura acquis la conviction que le prêteur a abusé de son emprunteur, qu'il l'a circonvenu et qu'il lui a fait souscrire des promesses incon-

______

(1) *L'usure, sa définition.* Guillaumin, 1859. In-12, p. 359.

sidérées ; lorsque le magistrat se trouvera en face
d'un fils de famille qui, dans un moment de détresse,
aura souscrit des engagements ruineux, qu'il puisse
trouver dans la loi une arme contre le spoliateur,
c'est ce que nous demandons. « Quand l'économie
politique dit que la loi sur l'usure est une loi contraire
aux principes, elle ne dit pas qu'il ne faut point
étendre dans le Code pénal le cercle des escro-
queries (1). »

Le jour où le législateur croira pouvoir supprimer
la loi de 1807, il saura compléter son œuvre par
de sages mesures qui préviendront les abus, et, sans
qu'il soit besoin de ressusciter dans notre droit les
dispositions du *sénatus-consulte macédonien,* préserver les emprunteurs contre les fraudes et les injustices
des prêteurs.

Ne soyons donc pas effrayés à la pensée des résultats que pourrait avoir cette liberté que la science
économique réclame (2). Si le taux d'intérêt qui est
aujourd'hui imposé par la loi en vigueur est un chiffre
rationnel, conforme aux exigences de notre époque,
il se soutiendra malgré la liberté. Ne voyons-nous
pas les rentes sur l'État, et ces titres que chacun se
dispute aujourd'hui, conserver, lorsque les temps sont
calmes et les crises éloignées, une valeur à peu près
uniforme? Le même phénomène se produira. L'argent,

<hr>

(1) Baudrillart, *Manuel d'économie politique,* p. 358.

(2) Voir cependant Rondelet, *Du spiritualisme en économie politique,*
2ᵉ. édit. 1860, p. 208 et suiv.; — D'Espinay, *De l'influence du droit canonique sur la législation française,* 1856, p. 283.

comme les denrées, comme les titres, aura sa valeur bien nettement fixée, bien connue. Imprudent celui qui n'en tiendra pas compte dans les emprunts qu'il souscrira ! La quantité des offres ou des demandes pourra faire varier ce chiffre dans une certaine limite; mais cette variation elle-même s'expliquera et se justifiera rationnellement par la cause qui l'aura produite.

V.

Devançons l'avenir; supposons théoriquement résolu le problème que nous venons de discuter. Le législateur a proclamé la liberté du crédit; son œuvre est-elle accomplie?

Il est certains cas dans lesquels les parties négligent de fixer elles-mêmes le taux des intérêts qui devront être payés. Il en est même dans lesquels cette fixation n'est pas possible, lorsqu'aucun contrat n'intervient entre les parties, et que l'une d'elles est cependant obligée par la force même des choses à payer des intérêts à l'autre. Le législateur a toujours eu grand soin de venir au secours de la partie négligente ou malheureuse en lui accordant, soit des intérêts légaux, soit des intérêts moratoires. Quel sera le taux de ces intérêts?

La convention des parties ne peut plus être alors d'aucun secours. Il faut donc arriver à une fixation, soit par la loi, soit par le magistrat.

La détermination du taux des intérêts par le magis-

trat pourrait avoir ses avantages. Variable comme les
deux éléments que nous avons fait entrer dans la
composition de l'intérêt, la décision du juge, qui vit
au milieu du monde, qui sans cesse se trouve mêlé
au mouvement des affaires, pourrait tenir compte de
ces événements de chaque jour, presque impercep-
tibles pour le législateur et qui cependant exercent sur
le crédit public une si grande et si redoutable influence. Ce système serait le meilleur, celui qui rem-
placerait le plus complètement cette convention des
parties qu'il s'agit de suppléer. Mais, pour qu'il pût
réaliser les promesses qu'il semble renfermer, il faudrait que le magistrat abandonnât l'étude des lois
positives pour la méditation des sciences économiques. Ce ne serait plus le juge des anciens jours, vivant seul et retiré dans la préparation de l'œuvre de
la justice; ce serait l'homme public, se mêlant aux
commotions de chaque jour pour les suivre et en
étudier les effets, se passionnant pour ou contre les
événements, et perdant tout à la fois la science et la
tranquillité de l'âme, ces deux conditions insépa-
rables d'une bonne administration et d'une bonne répartition de la justice sociale.

Il vaut peut-être mieux laisser au législateur le
soin d'opérer cette fixation. Placé sur un théâtre plus
élevé, moins accessible aux influences extérieures,
l'homme chargé de formuler la loi pourrait, en
appréciant les circonstances et les événements, indiquer le chiffre qui devra servir de guide aux magistrats. Mais, comme cette détermination, nous

l'avons dit, doit tenir compte de la privation qu'é-
prouve le prêteur, et des risques que le recouvrement
peut subir, la loi n'aura pas alors ce caractère de
permanence et de fixité que nous sommes habitués
à attacher à tout ce qui émane du pouvoir législatif.
Chaque année. plus souvent même, cette fixation
pourra changer. Ne voyons-nous pas chaque jour des
faits analogues se produire, lorsqu'il s'agit de déterminer l'intérêt attaché aux bons du trésor public?
Et, remarquons-le bien, le débiteur ne pourra se
plaindre de l'arbitraire qu'entraînera nécessairement dans une certaine limite une pareille fixation,
et des variations que le taux de l'intérêt subira. Il
s'agit d'intérêts légaux auxquels le débiteur a le
droit de se soustraire en désintéressant le créancier;
d'intérêts qui pèsent sur lui, soit parce qu'il s'est
rendu coupable d'une faute : si, par exemple, il a
violé un dépôt qui lui a été confié ; soit parce qu'il a
omis de se faire à soi-même la loi dans le contrat ; —
ou bien. il est question d'intérêts moratoires, d'intérêts qui sont la punition d'un retard imputable
au débiteur qui doit en reporter sur lui seul la responsabilité.

Ce système d'une détermination par le législateur
des intérêts moratoires et légaux, complément indispensable d'une loi qui laisserait aux conventions
des parties le soin de fixer, à l'amiable et comme
elles l'entendraient, le taux de l'intérêt, n'aurait donc
aucun danger, et il laisserait aux magistrats un
temps précieux pour l'acquit de cette dette sacrée

du trône, la justice. — Nous ne le présentons, toutefois, qu'avec une extrême réserve. Les économistes, dans les attaques qu'ils dirigent contre la loi de 1807, ne songent qu'à renverser, sans s'occuper de ce qu'il faudra rétablir. C'est négliger le côté le plus difficile et aussi le plus important de l'entreprise qu'ils ont conçue, et nous n'avons pas cru pouvoir imiter leur silence.

Si l'on admet avec nous le principe d'une détermination légale, quel sera le chiffre auquel le législateur devra le plus souvent s'arrêter ? Question vraiment singulière, et que nous ne soulèverions pas si elle n'avait été récemment et très-sérieusement discutée !

Un ingénieux écrivain, frappé par cette considération que beaucoup de législations ont envisagé comme un intérêt modéré et raisonnable le taux de cinq pour cent par an, s'est demandé quelles pouvaient être les raisons de cette préférence ; et, tout en reconnaissant que cette détermination était peut-être instinctive, il lui a trouvé cependant sa justification rationnelle, en la rapprochant de la valeur économique du travail de l'homme.

D'après M. Marin-Darbel, la durée moyenne de la vie de travail de l'homme est d'environ vingt ans ; de sorte qu'en moyenne le travail d'un homme, pendant une année, rapporte le vingtième de ce qu'il aura gagné dans sa vie entière. — Or, le travail d'un capital doit être assimilé au travail de l'homme dont la vie est terminée. —Donc, le travail

d'un capital doit, dans une année, produire le vingtième de ce capital, ou cinq pour cent.—La moyenne
de la vie commerciale étant moins considérable à cause
des faillites, on peut l'abaisser à environ seize années
de travail. Le capital doit donc, dans les opérations
de commerce, produire un seizième environ ou six
pour cent. — Qu'on suppose enfin des temps d'anar-
chie et de crise où la moyenne de la vie ne soit
plus que de dix ans, d'un an, d'un jour, le chiffre
de l'intérêt devra s'élever encore progressivement(1).

Ce système, fort spécieux, on le voit, ne nous
paraît rien moins que solide, et il faut l'envisager
comme une poétique conception plutôt que comme
une théorie scientifique. Cette parité que l'on veut
établir entre le travail d'une somme d'argent et le
travail d'un homme qui a cessé de vivre ne me
paraît pas encore complètement établie, et je serais
heureux de voir M. Marin–Darbel apporter à l'appui
de sa proposition des preuves plus précises et plus
convaincantes.

D'ailleurs, l'auteur confesse lui-même que, si le
taux général d'intérêt à cinq pour cent résulte d'une
comparaison avec la somme moyenne d'années de
travail que peut contenir la vie humaine, le taux
d'intérêt particulier résulte, lui, d'une proportion-
nalité dans les résultats obtenus par le travail, et
dès-lors doit être indéterminé(2). — Or, nous n'avons

(1) *L'usure, sa définition*, p. 279 à 287.
(2) *Op. cit.*, p. 288.

pas fait entrer cet élément dans la formation de l'intérêt, et nous n'admettons pas que l'on puisse prêter
à un chiffre élevé sous prétexte de toucher une forte
prime sur la rémunération présumée que l'emprunteur pourra retirer de son activité. Ce que nous
voulons seulement, c'est que le prêteur trouve un
dédommagement pour la jouissance dont il se dé-
pouille et pour les risques auxquels il s'expose. Tout
autre élément que l'on voudrait chercher à introduire dans la fixation de l'intérêt pourrait le faire
dégénérer, et donner prise aux ardentes critiques
des adversaires de la liberté du crédit.

N'attachons donc pas une importance trop grande
aux aperçus de **M. Marin-Darbel**, qui arriveraient
à rendre impossible toute détermination légale offrant
quelques caractères de généralité. Peu importent les
augmentations ou les diminutions de la vie de travail
de l'homme! Ce que le pouvoir chargé de fixer le
taux de l'intérêt devra seulement examiner, ce sont
d'abord les produits que, dans le temps où il statue,
la moyenne des individus peut retirer de son argent; il doit accorder au créancier une indemnité
pour la privation qu'il s'impose dans l'intérêt de
l'emprunteur. — Il faut, en second lieu, tenir compte
de la situation financière de la nation, du plus ou
moins grand nombre de sinistres et de désastres, de
la multiplicité ou de la rareté des faillites et des dé-
confitures, afin de donner au prêteur une prime suffisante contre les chances de non-remboursement. —
Et lorsque le législateur aura tenu, pendant son

travail, les yeux fixés sur ces deux éléments, il pourra s'arrêter : son œuvre sera terminée , et il aura sauvegardé les intérêts de tous. Il aura protégé l'emprunteur contre la ruine qui pourrait l'atteindre ; il aura accordé au prêteur une rémunération suffisante, et tout sera dit.

Terminons ici cette trop courte étude. Nous n'avons pu qu'effleurer quelques points là où la gravité et l'importance du sujet appelleraient de longs développements , là où tous les principes de l'économie politique pourraient être invoqués et mis en œuvre. N'oublions pas, toutefois, que le but principal de ce travail est l'étude de la législation positive, et non pas la recherche de ce qui devra être un jour.

Résumons-nous donc. Il est permis de retirer un intérêt de son argent ; cet intérêt doit être la compensation de la privation et des risques qui pèsent sur le prêteur. Ces éléments étant variables, le taux de l'intérêt ne peut être fixé long-temps à l'avance. Aussi, pour l'intérêt conventionnel, on doit en abandonner la détermination à la fixation amiable des parties ; pour l'intérêt légal ou moratoire, nous la réservons et nous la confions au législateur.

Nous venons de voir ce qui, suivant nous, devrait être. Avant d'arriver à ce qui est aujourd'hui, voyons rapidement ce qui a été.

ÉTUDES HISTORIQUES.

L'étude spéculative que nous venons de terminer
sur les intérêts de l'argent, envisagés en dehors de
toute législation positive, a dû nous convaincre
que rien n'est plus naturel, ni plus légitime, que
la stipulation par le prêteur d'une rémunération
pour le service qu'il rend à son débiteur. Aussi, nous
allons reconnaître que ce contrat est un de ceux
qui dès l'abord se présentent dans l'histoire, et les législations primitives qui sont parvenues jusqu'à nous
ont pris soin de le réglementer (1).

(1) L'intérêt a été connu, suivant les temps et suivant les lieux, sous
des noms très-divers. Les Hébreux l'appelaient *Tarbit,* accroissement,
par rapport au créancier ; *Neschech,* diminution, par rapport au débiteur.—L'expression habituellement employée par les Grecs était τόκος,
enfantement; suivant saint Basile, *id est ob ingentem mali fecunditatem,
vel ob dolores et molestias quas animis eorum qui fœnore acceperunt
solet gignere* (édit. 1724, t. I, p. 111).— A Rome, nous rencontrons
fœnus et usura. Aulu-Gelle *(Noctes atticæ,* lib. XVI, cap. xii, n°. 7)
fait dériver *fœnus a fœtu, et quasi fœtura quadam pecuniæ parientis
atque accrescentis. Usura,* c'est le prix de l'usage.—Dans l'ancien droit,
les mots intérêt et usure étaient à peu près synonymes.—Dans notre droit,
leur signification est différente. Le mot seul d'usure éveille une idée
d'illégalité (M. Marin-Darbel, *L'usure, sa définition,* p. 77 et suiv.).

I.

La législation mosaïque, partant de ce principe
que tous les Juifs, descendants d'Abraham, d'Isaac
et de Jacob, sont les membres d'une même famille,
et ne doivent entretenir que des relations frater-
nelles, leur recommande la générosité à l'égard de
ceux qui appartiennent au peuple hébreu : *Si pecuniam mutuam dederis populo meo pauperi qui habitat
tecum, non urgebis eum quasi exactor, nec usuris op-
primes* (1). C'est, comme on le voit, un simple pré-
cepte de charité ; et d'autres textes, qui prohibent
l'usure, nous offrent encore le même caractère :
« Si attenuatus fuerit frater tuus et infirmus manu...,
ne accipias usuras ab eo, nec amplius quam dedisti.
Pecuniam non dabis ei ad usuram, et frugum super-
abundantiam non exiges (2). Non fœnerabis fratri tuo
ad usuram pecuniam, nec fruges, nec quamlibet aliam
rem ; sed alieno. Fratri autem tuo absque usura id quo
indiget commodabis, ut benedicat tibi Dominus Deus
tuus in omni opere tuo in terra, ad quam ingredieris
possidendam (3). » C'était là un magnifique commentaire de cette belle maxime qu'un trop grand nombre
de nations antiques avaient ignorée : *Diliges amicum
tuum sicut teipsum* (4). Mais rien, dans tous ces

(1) Exode, chap. xxii, v. 25.
(2) Lévitique, chap. xxv, v. 35, 36, 37.
(3) Deutéronome, chap. xxiii, v. 19 et 20.
(4) Lévitique, chap. 19, v. 18.

passages, n'indique une prohibition complète et absolue de l'intérêt ; que dis-je ? si un fils d'Ismaël et un fils d'Ésaü viennent implorer la sollicitude des fils de Jacob et d'Isaac, non-seulement on pourra, sans violer la loi, exiger d'eux un intérêt ; mais, en le faisant, on se conformera à l'intention du législateur : *Fœnerabis ad usuram alieno.*

On ne tarda pas cependant à donner à la pensée de Moïse un sens qu'elle ne comporte point, et nous verrons bientôt le même phénomène se produire pour le Nouveau-Testament. Moïse recommande le prêt gratuit comme un moyen d'appeler sur sa famille les bénédictions du ciel ; le Psalmiste en fera une condition du salut : *Domine, quis habitabit in tabernaculo tuo ? Qui pecuniam suam non dedit ad usuram* (1) ; et, ce mode d'interprétation faisant chaque jour de nouveaux progrès, Ezéchiel rangera l'usure au nombre des faits que la morale universelle réprouve et condamne : « Vir, si fuerit justus et ad usuram non commodaverit et amplius non acceperit, hic justus est, vita vivet. Quod si fecerit unum de istis, uxorem proximi sui polluentem, egenum et pauperem contristantem, rapientem rapinas, abominationem facientem, ad usuram dantem et amplius accipientem, numquid vivet ? Non vivet ; cum hæc detestanda fecerit, morte morietur, sanguis ejus in ipso erit (2). »

Ce sont là, il faut bien l'admettre, des exagérations

(1) *Liber Psalmorum*, Ps. 14, v. 1 et 5.

(2) *Prophetia Ezechielis*, cap. xviii, *passim*, v. 5 à 13.

engendrées par un amour ardent de la perfection
morale que l'on voudrait inspirer à la nation juive. Mais
renfermons-nous dans les textes de Moïse, et reconnaissons qu'une seule chose en résulte : c'est qu'entre
Juifs, la charité est la règle. Sans doute, l'usure n'est
pas contraire au droit naturel, puisqu'on l'autorise à
l'égard des étrangers ; elle n'est pas illégitime ; mais
celui qui s'en abstient se rend agréable à Dieu. Quant
aux étrangers, liberté complète dans les contrats que
l'on passera avec eux : *Fœnerabis gentibus multis et
ipse a nullo fœnus accipies.*

Comment expliquer cette différence entre les Juifs
et les peuples voisins, presque tous issus d'une même
origine, et dont les livres sacrés permettent de
retrouver l'auteur commun à peu de générations en
arrière ; distinction qui rappelle la sévère maxime des
douze Tables : *Adversus hostem œterna auctoritas* (1)? —
Quelques-uns, comme saint Ambroise, ont voulu que
la tolérance n'existât que pour les sept peuples mau-
dits dont la loi prescrivait l'extermination ; d'autres,
comme Barbeyrac, l'ont appliquée seulement aux habitants de Tyr et de Sidon, villes commerçantes, qui recevaient l'argent des Juifs adonnés à l'agriculture, en
trafiquaient et devaient naturellement remettre aux
prêteurs, avec le capital, une portion des avantages
qu'ils en avaient retirés.

M. de Pastoret a très-bien établi que ni l'une ni
l'autre de ces interprétations n'était admissible ; le

______

(1) Cicéron, *De officiis*, lib. I, n°. 12.

mot étranger , *alienus,* s'applique à tous les peuples
qui ne sont pas les Hébreux. Comprendrait-on d'ailleurs que le législateur, après avoir ordonné l'extermination d'un peuple, eût pris la peine de dire que l'on
pourrait exercer contre lui l'usure? Et les Tyriens et
les Sidoniens eussent-ils long-temps consenti à rester
dans cet état d'inégalité où on aurait voulu les placer
vis-à-vis des autres nations qui recevaient gratuitement l'argent des Juifs (1)?

La disposition du Deutéronome ne peut s'expliquer
que par cette rigueur et cette sévérité que, jusqu'à
nos jours , toutes les législations ont manifestées
contre les étrangers, et dont, il n'y a pas encore un
demi-siècle , on eût trouvé des traces même dans
notre Code Napoléon.

II.

Les populations commerçantes de la Phénicie, les
Tyriens, les Sidoniens, les habitants de l'île de Crète,
qui, par l'industrie, suppléaient à la stérilité de leur
territoire, durent nécessairement connaître le prêt à
intérêt. — Les Égyptiens, qui regardaient comme
un devoir national d'entretenir des relations avec les
étrangers, et qui autorisaient même les Grecs à
établir pour leurs compatriotes un tribunal à Nau-
cratis (2), avaient dans leurs codes un ensemble de

---

(1) *Histoire de la législation,* t. III, p. 391. Législ. des Hébreux,
ch. xiv.

(2) Hérodote, 2, § 178.

dispositions sur les intérêts de l'argent. Ces dispositions ne sont pas parvenues jusqu'à nous. Nous savons seulement, par un passage de Diodore, qu'une loi de Bocchoris ne permettait pas au prêteur, quelque ancienne que fût sa créance, de réclamer pour intérêts une somme supérieure au capital emprunté (1). La même disposition se retrouvera plus tard dans la loi 27, § 1, C. *De usuris.*

A Lacédémone, les institutions de Lycurgue, la xénélasie, l'absence de monnaie véritable, sont autant de motifs qui doivent porter à penser que les Spartiates ne connaissaient pas, ou au moins ne pratiquaient guère le prêt à intérêt. — Corneille de Pauw a cependant soutenu, sur la foi de Plutarque, qu'un grand nombre d'usuriers existaient à Sparte, et que tous ceux que leur âge rendait impropres au service militaire consacraient leurs loisirs au trafic de l'argent (2).—Je crois que le savant écrivain a, dans cette circonstance comme dans beaucoup d'autres, payé tribut à son amour pour les paradoxes, et à sa haine contre les Lacédémoniens. Son assertion, qui ne peut raisonnablement s'appuyer sur Plutarque, n'a rien de vraisemblable, si l'on songe que quelques morceaux de fer non façonnés étaient tout le numéraire de Sparte ; que cette monnaie, si lourde et si vile qu'il fallait deux bœufs pour traîner dix mines (3),

(1) *Bibliothèque historique*, l. I, § 79. — Pastoret, *Histoire de la législation*, t. II, p. 240.

(2) *Recherches philosophiques sur les Grecs*, t. II, p. 348. 1785.

(3) Environ neuf cents francs. (Plutarque, *Lycurgue*, § 13.)

n'avait pas même cours dans le reste de la Grèce; que des peines capitales pouvaient atteindre le Lacédémonien qui gardait chez lui de l'or ou de l'argent, et que le seul contrat usuel était l'échange. Pauw a voulu se créer à lui-même un nouveau grief contre les mœurs de Sparte; mais son opinion doit être repoussée. Les Lacédémoniens n'étaient pas un peuple commerçant.

Bien différente était la situation d'une ville voisine et rivale. Athènes, la cité chérie de Neptune et de Minerve, du dieu des mers et de la déesse des arts, se livrait aux opérations commerciales et industrielles. Aussi nous trouvons dans sa législation tout un système de crédit organisé. Les Athéniens connaissaient l'hypothèque; bien plus, ils l'avaient entourée d'une certaine publicité matérielle : les discours des orateurs sont remplis d'allusions faites à ces brandons ou écriteaux, οροι ἐπιθεμενοι, qui apprenaient au passant que l'immeuble n'était plus libre (1). Et nous lisons dans Isocrate les détails d'un agissement bien voisin du contrat de change, cette grande institution dont on a coutume de reporter l'honneur aux Juifs et aux Italiens du moyen-âge (2). Ne soyons donc pas étonnés de rencontrer à Athènes tout un

______

(1) Démosthène, *In Phœnippum et in Spudiam.* — Harpocratien, dans son *Lexique*, dit : Ορους ἐκαλοῦν οἱ Αττικοὶ τὰ ὑπόντα ταῖς ὑποκειμέναις οἰκίαις τοῖς χωρίοις γράμματα δηλοῦντα ὅτι ὑπόκεινται δανειστῇ. Voir encore Henri Estienne, *Thesaurus græcæ linguæ,* édit. Didot, t. V, p. 2233, *ad finem,* et 2234.

(2) *Trapézitique.*

ensemble de banquiers et de prêts à intérêt, d'intérêts terrestres et d'intérêts maritimes (1).

Le taux d'intérêt le plus usité à Athènes, et je ne veux m'occuper que de l'intérêt terrestre, était de douze pour cent par an; ou, ce qui est plus exact, le débiteur payait à son créancier chaque année douze drachmes par mine. Chaque mois une drachme était exigible (2). Dans une de ses comédies les plus fameuses, Aristophane a souvent fait allusion à cette coutume, lorsqu'il nous a montré Strepsiade priant Socrate de l'instruire dans l'art de ne pas payer ses dettes (3).

Le taux de douze pour cent, quoique le plus ordinaire, n'est pas le seul que l'on rencontre à Athènes : Démosthène, dans une de ses *Olynthiennes*, nous

(1) Démosthène, *adversus Onetorem*, *in Dionysodorum*, *in Apaturium*, *in Phormionem*.

(2) Quatre-vingt-dix centimes (10 fr. 80 pour 90 fr. $=$ 12 °/₀).

(3)
$$\mathrm{Ἐγὼ\ δ᾽\ ἀπόλλυμαί,}$$
ὁρῶν ἄγουσαν τὴν σελήνην εἰκάδας·
οἱ γὰρ τόκοι χωροῦσιν.

Nubes, v. 16 et suiv.

Strep. Γυναῖκα φαρμακίδ᾽ εἰ πριάμενος Θετταλῆν
καθέλοιμι νύκτωρ τὴν σελήνην, εἶτα δὲ,
αὐτὴν καθείρξαιμ᾽ ἐς λοφεῖον στρογγύλον
ὥσπερ κάτοπτρον, κᾆτα τηροίην ἔχων. —
Socr. Τί δῆτα τοῦτ᾽ ἂν ὠφελήσειέν σ᾽ ;—*Strep.* Ὅ τι;
εἰ μηκέτ᾽ ἀάντέλλοι σελήνη μηδαμοῦ
οὐκ ἂν ἀποδοίην τούς τόκους.—*Socr.* Ὁτιὴ τί δή;
Strep. Ὁτιὴ κατὰ μῆνα τ᾽ ἀργύριον δανείζεται.

Nubes, v. 749 et suiv.

parle de ces hommes qui trouvent facilement à emprunter à gros intérêts, ἐπὶ τοῖς μεγάλοις τόκοις, qui se procurent ainsi une aisance éphémère, et qui sont bientôt par l'énormité des intérêts dépouillés du patrimoine de leurs ancêtres (1). — Toutefois, ces intérêts exagérés, souscrits dans des moments de détresse, n'étaient pas obligatoires pour l'emprunteur. Athénée (2) nous a conservé un fragment de Lysias, dans lequel un débiteur, qui avait promis à son créancier trois drachmes par mois, sollicitait une diminution de moitié sur les intérêts, ce qui les maintenait encore au chiffre de neuf oboles ou d'une drachme et demie, dix-huit pour cent; chiffre que nous rencontrons assez fréquemment, et qui paraît même avoir été le taux habituel lorsqu'il s'agissait d'intérêts dus pour une dot qui n'avait pas été payée à l'échéance (3).

III.

D'Athènes, nous passons à Rome, et la transition est très-naturelle pour ceux qui, comme nous, pensent que les décemvirs ont eu sous les yeux la législation de Solon et lui ont emprunté plusieurs de ses dispositions.

Il est vraisemblable que, pendant les trois premiers siècles de Rome, jusqu'à l'époque des douze Tables,

---

(1) *Olynthiaca III*, n°. 5.
(2) **Lib. XIII**, § 9.
(3) Isée, *Succession d'Agnias*. — Démosthène, *adversus Aphobum*.

aucune loi ne limita le taux de l'intérêt. Les patriciens seuls pouvaient disposer de capitaux, et par là dominaient les plébéiens, que l'histoire nous montre toujours réduits à la merci de la classe privilégiée. Mais les abus excessifs qui résultaient de cette liberté sans bornes furent un des principaux griefs du peuple, et les décemvirs durent songer à régler législativement ce point.

La loi des douze Tables décida que l'intérêt ne pourrait excéder l'*unciarium fœnus*. *Primo duodecim Tabulis sanctum ne quis unciario fœnore amplius exerceat* (1).—Mais qu'était-ce que cet *unciarium fœnus?* C'est là une des questions illustres de notre sujet. Tous les historiens l'ont soulevée, et quatre solutions ont été déjà proposées.

Une première opinion, qui n'a plus beaucoup de partisans et que le savant annotateur de la Coutume du Nivernais, Coquille, avait défendue, voyait dans l'*unciarium fœnus* le taux de cent pour cent par an. Ce n'était pas admissible; ce n'était même pas raisonnable, et on me permettra de ne pas m'y arrêter.

Une seconde opinion, beaucoup plus accréditée, extrême en sens contraire, pense qu'il s'agit uniquement de l'un pour cent par an. Admirablement développée par Saumaise, adoptée par Pothier, elle compte encore aujourd'hui de nombreux partisans dans le monde des lettres (2). Elle ne me paraît cependant

(1) Tacite, *Annales*, l. VI, n°. 16.

(2) M. Burnouf, *Notes sur Tacite;* et M. Alexandre Nicolas, *Annotations sur Tacite*, édit. Dézobry, p. 254.

guère plus soutenable que la précédente, et elle est si manifestement contraire aux plus simples notions de l'économie politique, et aux plus élémentaires données de l'expérience, qu'on peut s'étonner à bon droit de la voir suivie à notre époque.

Les deux autres théories sont beaucoup plus sérieuses et il est permis d'hésiter entre elles. L'une, celle de M. Niébuhr, dont M. Troplong s'est fait le champion (1), et que M. Ortolan (2) et M. de Fresquet (3) ont adoptée, est que l'*unciarium fœnus* correspond au denier douze par an, ou huit un tiers pour cent. L'autre, que soutiennent M. Pellat (4) et M. Laferrière (5), après Gravina (6) et Montesquieu (7), enseigne qu'il s'agit du taux de douze pour cent par an; c'est-à-dire du denier huit un tiers. — De ces deux systèmes, le dernier me paraît le plus exact.

Suivant Niébuhr, le système monétaire national des Romains reconnaissait un capital par excellence, l'*as*, se subdivisant en douze, parties dont chacune portait le nom d'once ou *uncia*. L'*unciarium fœnus* serait une de ces douze parties, et le créancier aurait reçu une once de gain pour les douze onces, pour l'*as* qu'il avait prêté.

(1) Préface du *Commentaire du prêt*, p. 24 et suiv.
(2) Explication historique des *Instituts*, 5e. édit., t. II, p. 322.
(3) Traité élémentaire de Droit romain, t. II, p. 90.
(4) Textes sur la dot, 1re. édit., 1847, p. 32.
(5) *Histoire du Droit civil*, t. I, p. 153.
(6) *Esprit des Lois romaines*, édit. de 1821, p. 79.
(7) *Esprit des Lois*, liv. XXII, chap. XXII.

Mais il faut remarquer d'abord que tous les systèmes, sauf toutefois celui de Saumaise, s'appuient sur
cette division de l'as en douze onces. Coquille, lui-
même, dit bien que l'*unciarium fœnus* était le douzième du capital ; mais, comme il avait fort justement
remarqué que les Romains payaient les intérêts par
mois, il en était arrivé à conclure que l'intérêt égalait,
chaque mois le douzième du capital, soit cent pour
cent par an. Avec Niébuhr, il ne s'agit plus de paiement mensuel : chaque année, on paie seulement au
créancier le douzième du capital.

L'ingénieux écrivain puise un argument dans un
passage de Festus : « Unciaria lex dici cœpta est
quam L. Sulla et Q. Pompeius tulerunt, quâ sanctum
est ut debitores decimam partem... » Le texte est
incomplet. Mais ne veut-il pas dire que les débiteurs durent payer à leurs créanciers l'usure oncière,
qui était le dixième du capital? Et, si l'on songe que
l'ancienne année de dix mois avait été convertie en
l'année de douze mois, on trouvera que le dixième
du capital, avec une année de douze mois, correspond exactement au douzième du capital avec une
année de dix mois.

Enfin Niébuhr a trouvé un autre argument, plus
spécieux, le seul vraiment important, dans le rapprochement de deux passages d'Ulpien en matière de *re-
tentiones ex dote*. La femme qui s'était rendue coupable d'une grave atteinte à la morale, comme
l'adultère, était exposée à une rétention d'un sixième
sur sa dot. Lorsqu'il ne s'agissait que d'une faute

légère, la rétention était seulement d'un huitième (1).
— Le mari, dans les mêmes circonstances, encourait également une pénalité : *propter majores mores*, au lieu d'avoir trois ans pour restituer la dot, il était complètement déchu du bénéfice du terme ; *propter minores mores*, la dot devait être restituée *senum mensum die* (2).

Eh bien ! dans le système de M. Niébuhr, on verra que le chiffre des pénalités encourues par le mari et par la femme est exactement le même.

Propter majores mores, la femme perd un sixième ; le mari, en restituant immédiatement, perd un intérêt correspondant à deux années d'intérêt de la dot entière (3). L'intérêt d'un an représentant un douzième du capital, deux années représentent un sixième, chiffre égal à celui qui est fixé pour la femme.

Propter minores mores, la femme perd un huitième. Suivant Niébuhr, le mari restitue immédiatement le premier tiers de la dot, le second tiers au bout de six mois, le reliquat au bout d'un an. Il perd donc quatre années et demie d'intérêt d'un tiers de la dot, ou dix-huit mois de la dot entière.—Suivant Schrader, le mari, devant restituer la dot entière au bout de six mois, perd cinquante-quatre mois d'intérêt d'un tiers de la dot, ou dix-huit mois d'intérêt de la

(1) *Fragmenta Ulpiani,* t. VI, § 12.
(2) *Fragmenta,* t. VI, § 13.
(3) Six années d'intérêt d'un tiers de la dot.

dot entière. — Dans les deux systèmes, nous arrivons encore au chiffre égal d'un huitième (1).

Ce système, malgré les imposantes autorités qu'il a su conquérir, nous apparaît plutôt comme une conception ingénieuse que comme l'expression de la vérité.

Écartons d'abord ce taux de dix pour cent qui aurait remplacé le huit un tiers pour cent, lorsque l'année de douze mois fut substituée à l'année de dix mois. Au moment où les décemvirs accomplissaient leur œuvre, l'année était depuis long-temps composée de douze mois. Il est de bon goût, dans certaines régions, de traiter avec un hautain mépris les récits primitifs de Tite-Live, et de les classer parmi les fables. Mais lorsque l'on consulte la série entière des historiens romains, on les voit tous, sans exception, attester que c'est à Numa qu'il faut reporter la division de l'année en douze mois : *Ille... annum quoque in duodecim menses... descripsit* (2). — *Numa Pompilius... annum descripsit in duodecim menses, prius sine aliqua computatione confusum* (3). — Nous pourrions multiplier les témoignages.

Il faut donc s'en tenir au taux de huit un tiers pour cent par année de douze mois. Eh bien ! ce taux ne me paraît pas assez élevé eu égard à la liberté très-grande que l'absence de loi avait laissée aux patriciens. N'oublions pas que les décemvirs avaient été choisis

____

(1) Un an représente 1/12 ou 2/24 ; six mois, 1/24 ; total : 3/24 ; et, en réduisant la fraction, 1/8 : chiffre égal.

(2) Florus , *Epitome*, lib. I, cap. ıı.

(3) Eutropius, *Breviarium*, lib. I, cap. ııı.

parmi la classe privilégiée, et que leur Code de lois
eut plutôt en vue de fixer la législation que de traiter
les plébéiens avec une grande mansuétude. Les
patriciens se réservèrent d'immenses avantages,
jusqu'au droit même de se partager le corps de leur
débiteur, lorsqu'il ne remplissait pas ses engagements.
Il me paraît beaucoup plus vraisemblable que le
taux admis fut celui de douze pour cent par an; il
était conforme aux habitudes du temps, il était en
vigueur à Athènes, et rien ne serait étonnant dans ce
fait, que les législateurs auraient emprunté à la capi-
tale de l'Attique un chiffre sanctionné par l'expérience. Il explique plus facilement d'ailleurs cette
rapidité avec laquelle les dettes grossissaient, au point
d'accabler le débiteur (1).

Et puis, à quelles conséquences arrive le système
de M. Niébuhr? Quand le commerce de Rome s'est
développé, quand l'argent a été plus abondant et par
suite plus facile à obtenir, l'intérêt s'est élevé de huit
un tiers à douze pour cent par an! Et l'on allègue,
sans en apporter la preuve, que cette innovation est
contemporaine de Cicéron! — Mais l'histoire nous a
conservé toutes les variations de la législation romaine sur le prêt à intérêt, variations qui se produi-
saient toujours dans l'intérêt des débiteurs. Peut-on
admettre que les tribuns du peuple, toujours si

___

(1) En 374, dans le tumulte excité par Manlius, on vit un centurion
se plaindre de ce que, *se militantem... multiplici jam sorte exsoluta,
mergentibus semper sortem usuris, obrutum fœnore esse* (Tite-Live, lib.
VI, cap. xiv).

jaloux de la popularité et toujours si empressés à satisfaire les caprices de la plèbe, eussent recherché, comme moyen de la conquérir, l'élévation du taux de l'intérêt? Ils se fussent bornés à demander le maintien du chiffre fixé par la loi des douze Tables; et, si plus tard nous voyons la centésime s'introduire sans protestation, c'est que la centésime correspondait à l'*unciarium fœnus*.

L'intérêt de l'année, pour les Romains, représentait une unité: l'*assarium fœnus*, se subdivisant en douze onces, *unciarium fœnus*, dont chacune était exigible par mois, comme à Athènes. Cet usage de payer les intérêts par mois, nous le rencontrons dès les temps les plus voisins de la loi des douze Tables. Les poètes nous parlent sans cesse de ces tristes calendes, qui, par leur retour trop fréquent, inspirent aux malheureux débiteurs un effroi légitime. A quelle époque se serait donc introduit cet usage de payer les intérêts par mois, nouvelle aggravation pour le débiteur, si la loi des douze Tables lui permettait de se libérer seulement à l'expiration de l'année? Ce chiffre de huit un tiers pour cent ne comporte pas facilement d'ailleurs une division décimale ou duodécimale.

Ainsi donc, aggravation dans le taux de l'intérêt, aggravation dans le mode de paiement, charges nouvelles acceptées par les débiteurs au moment où les plébéiens étaient maîtres de la situation, telles sont les conséquences inadmissibles du système de Niébuhr, conséquences qui disparaissent si l'on assimile l'*unciarium fœnus* et la centésime.

M. Péllat fait encore en ce sens un argument d'une grande valeur, quand on songe à la précision qui caractérise le langage des jurisconsultes romains. La centésime est très-souvent appelée *legitima usura;* or, si la centésime était d'invention prétorienne, lui eût-on donné ce nom de *legitima*, réservé presque exclusivement aux institutions qui dérivent de la loi des douze Tables : *Legitima hereditas , legitima tutela?*

Mais que répondre maintenant aux deux passages de Festus et d'Ulpien ?

Nous ne saurions d'abord nous arrêter au premier. Ce que nous avons dit sur cette prétendue année de dix mois, dont parle le professeur de Bonn, fait disparaître toute la force de l'argument, qui ne vaudrait que si le texte portait *duodecimam partem*. M. Dacier. il est vrai, a cru devoir faire cette légère correction ; mais, indépendamment de ce que nous n'admettons pas cette théorie trop facile qui consiste à modifier des textes embarrassants. nous ferons observer, qu'en l'acceptant même, notre thèse ne serait pas compromise : le texte est incomplet et n'offre aucun sens.

Quant au passage d'Ulpien, l'assimilation qu'on en fait sortir paraît assez embarrassante. Elle n'a cependant rien d'effrayant pour notre système. Je reprends les textes d'Ulpien, et je les interprète comme ils doivent être interprétés. Oui, dans le cas de *majores mores*, les calculs de M. Niébuhr seraient exacts, et le mari et la femme subiraient également une perte équivalant au sixième de la dot. Mais, dans le cas de

4

minores mores, cette égalité mathématique n'existera pas. La femme perd un huitième; le mari, suivant moi, perdra l'intérêt de 36 mois d'un tiers de la dot, ou l'intérêt d'un an de la dot entière, soit, en me plaçant dans le système de M. Niébuhr, un douzième, et dans mon système un huitième, plus une fraction ; de telle sorte que l'ensemble harmonieux établi par les Romains, cette réciprocité des peines atteignant les deux époux, disparaît, même dans le système de M. Niébuhr ; et, dans le cas de *minores mores*, ce serait notre calcul qui rapprocherait le plus le chiffre des pénalités encourues par le mari et par la femme.

D'où provient donc cette différence entre nos calculs et ceux de M. Niébuhr et de M. Schrader ?

Pour M. Schrader, le mari doit restituer la dot entière au bout de six mois; pour M. Niébuhr, le mari restitue bien en trois termes ; mais le premier terme est immédiatement exigible, le second le sera dans six mois, le troisième dans un an ; — les deux systèmes doivent produire les mêmes résultats.

M. Schrader traduit les expressions *senum mensum die,* comme si le texte portait *sex mensum die.* — Mais il oublie que, toujours chez les jurisconsultes, sinon chez les poètes (1), le mot *seni* suppose plusieurs termes chacun de six : les délais qui étaient accordés au mari sont réduits chacun de moitié; mais les trois termes sont maintenus.

M. Niébuhr le reconnaît : le mari pourra restituer

____

(1) Ovide, *Métam.,* 12, v. 429 ; — *Fastes,* 5. v. 623.

la dot en trois paiements égaux. Mais alors pourquoi le premier délai consiste-t-il dans le néant, le second dans le quart, le troisième dans le tiers de ce qu'ils auraient dû être? Il est trop évident que M. Niébuhr n'a créé ces diversités que pour les besoins de sa cause. Le sens rationnel des expressions *senum mensum die* est celui que nous avons indiqué, et, s'il en est ainsi, toute l'argumentation basée sur le fragment d'Ulpien s'écroule aussitôt.

Pour nous résumer sur ce point, *l'unciarium fœnus* équivaut, pour nous, au douze pour cent par an, et à l'un pour cent par mois.

La loi des douze Tables condamnait à la restitution, au quadruple, l'usurier qui avait excédé le taux fixé par elle. — Dans l'impossibilité où je suis de lui assigner sa date, je mentionne, dès maintenant, une loi *Marcia* indiquée par Gaius, et qui permettait, pour obtenir la restitution des intérêts exagérés perçus par les prêteurs, de recourir à la *manus injectio* (1).

Les mesures prises par les décemvirs ne contentèrent personne, et le récit des luttes suscitées à Rome

(1) *Comm.* IV, § 23. — D'après M. Bonjean (Traité des actions, 2ᵉ. éd., p. 398 et 399), et M. Zimmern (Traité des actions, 2ᵉ. éd., p. 136), il s'agirait ici d'une *manus injectio pura*, se distinguant par sa formule et par ses effets de la *manus injectio judicati* et de la *manus injectio pro judicato*. La partie saisie pouvait se dégager et plaider elle-même sa cause, tandis que, dans les deux autres cas, elle ne pouvait se dégager, devait fournir un *vindex* qui s'engageait à la défendre, et, à défaut de *vindex*, était conduite en prison.

par la question des intérêts embrasserait l'histoire de toutes les révoltes et de toutes les séditions qui agitèrent la République romaine : *Fœnebre malum seditionum, discordiarumque creberrima causa.* — Je n'essaierai pas de le faire, et je me bornerai à mentionner les plus importantes dispositions législatives.

En 378, une loi *Licinia* décida que l'on déduirait du capital ce qui avait été payé en usure, et que le surplus serait acquitté par fractions égales dans le délai de trois ans. Cette mesure, qui, suivant l'expression de M. Troplong, était une véritable banqueroute, dut avoir pour résultat d'augmenter encore les exigences des prêteurs. Plus les risques sont grands, plus l'intérêt est élevé.— Aussi, vingt ans après, les tribuns Duilius et Mænius étaient obligés de rappeler à l'observation de la loi des douze Tables.

Les débiteurs se plaignirent encore, et, en 408, sous les consuls Titus Manlius et Caïus Plautius, le taux de douze pour cent fut abaissé à six pour cent: *Rogatione tribunitia ad semuncias redacta... versura.* Entrés dans cette voie, les tribuns ne devaient pas s'arrêter et, en 413, sous le consulat de Caïus Martius Rutilus et de Quintus Servilius, sur la proposition de Lucius Genutius, tribun du peuple, une loi interdit l'usure.

Toutes ces mesures ne furent pas respectées: *Multis plebiscitis obviam itum fraudibus, quæ, toties repressæ, miras per artes rursùm oriebantur!* On avait recours à un Latin ou à un allié qui jouait fictivement le rôle d'emprunteur. La loi *Sempronia* défendit tout prêt de cette nature.—On usa alors des provinciaux : la loi *Gabinia* déjoua cette nouvelle fraude. Mais le mal allait toujours grossissant, lorsque, vers l'époque de Cicéron, le Sénat rétablit législativement le taux fixé par la loi des douze Tables.

Le taux de douze pour cent se maintint dans la législation romaine, jusqu'au jour où Justinien le modifia pour tenir compte, dans la fixation de l'intérêt, de la qualité des personnes et des opérations qu'on se proposait de faire (1). Pour les *illustres personœ* et les personnes qui les précèdent dans la hiérarchie, la limite qu'on ne peut franchir est le quatre pour cent ; pour les commerçants, huit pour cent ; pour les contrats à la grosse et les prêts de denrées, douze pour cent ; pour toutes les autres personnes et tous les autres contrats, six pour cent. — Puis l'Empereur édicte toute une série de dispositions, s'adressant aux magistrats et les excitant à redoubler de vigilance pour éluder les fraudes que l'on voudrait faire à la loi.

Cette constitution, quoique favorable aux débiteurs, nous étonne un peu, émanant de Justinien. Si Procope, dans sa haine contre l'Empereur, a affirmé bien des fois qu'on ne devait pas voir en lui un homme, mais un démon sous forme humaine, οὐκ ἄνθρωπος, ἀλλὰ δαίμων τις ἀνθρωπόμορφος (2), il faut bien avouer cependant que, dans sa législation, il se préoc-

______

(1) L. 26, C. *De usuris*.

(2) Ἀνεκδότα, κεφ. 18, α'. — Éd. Isambert, 1856, p. 214.

cupa fréquemment des intérêts de la religion, au point d'établir entre les hérétiques et les catholiques de nombreuses distinctions et de soumettre les premiers à des persécutions cruelles. Trop souvent, il se passionna pour les discussions théologiques, et c'est vraiment une chose notable, qu'en présence des décisions des Conciles et des homélies des Pères de l'Église, qui protestaient unanimement contre la centésime et l'hémiole, il n'ait pas, comme les empereurs du moyen-âge, mis les forces du pouvoir séculier au service des défenses canoniques contre le prêt à intérêt.

IV.

Parmi les questions qui ont eu le privilége de préoccuper les théologiens moralistes, aucune peut-être n'a suscité d'aussi vives et d'aussi nombreuses controverses que celle qui fait l'objet de cette étude. Mon intention n'est pas assurément d'entrer dans l'examen approfondi de ce vaste problème, qui attend encore aujourd'hui une solution péremptoire et définitive : Est-il permis, dans le for intérieur, de retirer un intérêt de l'argent ? — Peut-être même n'est-il pas sans danger de pénétrer, quelque modérément qu'on le fasse, sur un terrain si glissant et si périlleux. — Toutefois, ce côté de notre question a si fort passionné les siècles qui nous ont précédés, qu'il était impossible de le passer sous silence ; d'ailleurs, les décisions contradictoires émanant des

autorités les plus imposantes, comme les plus respec-
tables, laissent encore, suivant nous, à l'appréciation
toute sa liberté et toute son indépendance (1). Ne
pourrions-nous pas enfin nous retrancher modeste-
ment derrière l'exemple donné par l'éminent jurisconsulte qui, dans la belle préface de son *Commentaire sur le prêt*, a su allier à la perfection du style
les richesses de la science et de l'érudition?

La difficulté n'est pas d'hier, et, en ne consultant
que le recueil classique de nos lois romaines, nous
lisons dans le quarante-troisième canon des Apôtres :
« Episcopus, aut presbyter, aut diaconus, qui usuras
a mutuum accipientibus exigit, vel desinito, vel
deponitor (2). »

Sans entrer ici dans la discussion qui s'est élevée
sur l'authenticité de ce monument législatif attribué
au pape saint Clément, reconnaissons que rien n'était
plus naturel que de voir les premiers chrétiens se
demander quelles règles de conduite ils devaient
suivre, en présence d'une législation qui traitait les

______

(1) « La raison, d'après l'avis des théologiens les plus considérables, a
deux droits à exercer. — Le premier est d'interpréter les obscurités des
textes. Saint Thomas, d'après saint Augustin, a dit: Quand l'Écriture peut
recevoir plusieurs sens, quand on en trouve un que la raison convainc
certainement de fausseté, il ne faut pas s'obstiner à dire que c'en soit le
sens naturel, mais en chercher un autre qui s'y accorde. — Le second
droit de la raison est d'examiner si certains préceptes donnés, par
exemple sur l'intérêt de l'argent, ont été destinés seulement à être
appliqués à certaines nations, et pendant un certain temps; ou s'ils ont
été créés pour tous les temps et toutes les nations. » (M. Oudot, *Conscience et science du devoir*, t. II, p. 435.)

(2) *Corpus juris civilis*, éd. Galisset, 2ᵉ. partie, p. 1208.

débiteurs avec sévérité, et qui permettait d'exiger d'eux la centésime. Dès le début donc, la question fut posée et dut recevoir des solutions diverses.

On invoquait, de part et d'autre, les Écritures et l'Évangile. Les uns rappelaient ces textes que nous avons déjà mentionnés et qui défendaient aux Juifs de prêter à intérêt à leurs frères. Eh bien! disait-on, si l'usure n'était permise qu'à l'égard des étrangers, aujourd'hui que tous les hommes sont frères, la seule exception admise au principe disparaît et à nul on ne peut prêter à intérêt (1). Le Christ, lui-même, n'a-t-il pas établi la vérité de ce système lorsqu'il a dit : *Mutuum date, nihil inde sperantes* (2) ?

On répondait, non sans quelque raison, que déjà, sous le droit hébraïque, la question était restée douteuse, et que, quant au passage de saint Luc, il ne fallait pas l'interpréter à la lettre; sans quoi, il dirait beaucoup plus qu'on ne veut même lui faire dire. Prêter sans espérer de recouvrer *nihil,* pas même le capital, ce serait bien là le comble du désintéressement, et la loi comprendrait dans le même anathème l'usurier et le créancier qui poursuit son débiteur pour obtenir le paiement du principal de la dette. « Les théologiens n'ont pas fait attention que Jésus-Christ s'élève ici bien au-dessus des régions politiques et humaines, que c'est l'idéal de la perfection morale qu'il promulgue, que c'est le sacrifice de soi-même

(1) Bailly, *Tractatus de contractibus*, édit. 1835, p. 306.
(2) Evang. secund. Lucam, cap. iv, vers. 35.

qu'il demande à l'homme régénéré, et le renoncement à tous les intérêts temporels qui détournent le cœur de la pensée du Très-Haut. Non-seulement les intérêts et les passions doivent se taire; mais il faut qu'ils soient immolés avec une joie héroïque dans un martyre intérieur. Si donc un chrétien prête à l'autre, que ce ne soit pas avec l'espérance d'une restitution ou d'une réciprocité de service. Il n'y a qu'un mérite vulgaire à faire le bien sous l'influence de telles sollicitudes. Mais une âme chrétienne va bien au-delà. Le chrétien doit être prêt à tout perdre, même son capital, comme il sacrifiera son bien sans regret, quand un autre l'emportera (1). »

C'est qu'en effet, en les admettant même dans le sens où la doctrine générale voudrait les entendre, ces paroles du Christ : *Mutuum date, nihil inde sperantes,* se trouvent au milieu de beaucoup de dispositions de simple conseil, et que nul, que je sache, n'a jusqu'à ce jour proclamées obligatoires : *Omni autem petenti te tribue, et cui aufert quæ tua sunt, ne repetas.* Si l'on prenait ces règles à la lettre, si l'on appliquait à celui qui réclame la chose qu'on lui a volée ces expressions familières aux auteurs chrétiens qui traitent de l'usure : *furtum, latrocinium, rapina, injusta acceptatio, ablatio rei alienæ* (2), le socialisme verrait bientôt tous ses vœux réalisés ; la fameuse devise de M. Proudhon : « La propriété, c'est le vol », pourrait s'appuyer sur

____

(1) M. Troplong, *Commentaire sur le prêt*, p. 247 et 248.
(2) Lactance, Tertullien, etc., *passim.*

l'Évangile ; et , dans la désorganisation générale des lois et des mœurs, la société ne tarderait pas à disparaître et à s'anéantir.

On oublie trop , d'ailleurs , un autre passage des Évangiles. Je veux parler de cette parabole des talents, dans laquelle Jésus–Christ nous enseigne *quod in spiritualibus bonis semper crescere debeamus, ut dignos gratiæ fructus Deo rependere valeamus* (1). L'un des serviteurs du maître a fait fructifier son argent: *operatus est in talentis et lucratus est;* l'autre s'est borné à le garder improductif : *fodit in terra et abscondit pecuniam domini.* Au premier, on décerne des éloges : *Euge ! serve bone et fidelis;* au second, on adresse des reproches : *Oportuit ergo te committere pecuniam meam nummulariis, ut veniens ego recepissem quod meum est cum usuris* (2). Eût-on tenu ce langage si l'intérêt était illicite, et n'est-ce pas là même la justification de l'usure ?

Qu'on dise, avec des théologiens modernes, que l'intérêt est légitime dans le for intérieur pourvu qu'on ne l'exige pas des pauvres et qu'on se borne à réclamer des riches une usure modérée, je le comprends parfaitement. On tempère, par la bienveillance et la miséricorde , ce que le droit strict pourrait avoir de rigoureux. Mais, par cela même qu'on le tempère, on en reconnaît et on en proclame l'existence. Cette théorie est la seule qui soit en harmonie avec la réalité

____

(1) Bouvier, *Institutiones theologicæ*, 5ᵉ. édit., t. VI, p. 412.

(2) Saint Mathieu , c. xxv , v. 14 et suiv.; — saint Luc, c. xix, v. 13.

des choses et l'avenir lui appartient. Si d'abord elle a été présentée par l'hérétique Calvin, et par notre grand jurisconsulte Dumoulin, que la persécution religieuse atteignit plus d'une fois : *Molinœus, vir sin hœreticus, saltem in fide valde suspectus* (1), elle a pour elle, de nos jours, l'appui de plus d'un théologien catholique; et, pour ne citer que quelques noms entre les plus illustres, c'est celle du cardinal de La Luzerne (2), de Mastrofini (3), de de La Forêt (4), de Meignot (5), et de Bergier (6).

Quoi qu'il en soit, la thèse contraire triompha évidemment dans le principe. Un phénomène analogue à celui que nous avons signalé dans la législation hébraïque, se produisit de nouveau. Les commentateurs et les interprètes furent plus rigoureux et plus sévères que l'auteur de la doctrine qu'ils devaient propager. Tous, Conciles et Saints-Pères, sont unanimes pour proscrire le prêt à intérêt. Nous ne pouvons songer à rappeler ici tous les témoignages qui prouvent la vérité de cette assertion. Il nous faudrait énumérer toutes les décisions des conciles, depuis le concile d'Elvire en 305 jusqu'au concile de Vienne en 1311 (7). Nous aurions à reproduire des

(1) Bailly, *loc. cit.*, p. 302.
(2) Dissertations sur le prêt de commerce, 1823.
(3) Discussion sur l'usure (1830), traduite en français en 1834.
(4) Traité de l'usure et de l'intérêt.
(5) Pratique des billets.
(6) Dictionnaire théologique, v°. Usure.
(7) Arles, en 314.—Laodicée.—Nicée, en 325. — Carthage, en 419.

passages sans nombre, empruntés à ces chefs-d'œuvre d'éloquence, de style et de raisonnement que nous ont légués ces grands écrivains dont l'Église est si justement fière (1). Nous devrions reproduire les constitutions des Souverains-Pontifes les plus illustres et les plus vénérés , jusqu'aux papes Léon IX et Alexandre III (2).

Arles, en 462.—Tours, en 461.—Orléans, en 538.—Worms, en 868.— Reims. — Paris. — Latran, en 1179.

(1) Saint Basile, saint Grégoire de Nysse, saint Grégoire de Nazianze , saint Chrysostôme, saint Augustin, saint Ambroise , saint Jérôme, etc.

(2) Il faut toutefois reconnaître que , jusqu'au XIIe. siècle, on trouve chez les Pères de l'Église des passages assez contradictoires. — Saint Basile, qui déclare que l'usure est une fille maudite de la cupidité et de l'attachement aux biens, nous parle, dans ses *Lettres* 107, 108 et 109, d'un emprunt contracté par une de ses parentes sous cette condition que , si le paiement était fait à une certaine époque, *remitterentur usuræ*. Le terme arrivé , la débitrice ne remplit pas ses engagements. Plus tard , *qui res creditoris heredum procurant , præter sortem usuras conantur exigere* (Ep. 109, *ad comitem Helladium*); saint Basile , au nom de la charité, les prie de n'en rien faire. Mais pas un mot n'indique que l'usure soit un crime aux yeux de la religion (*Basilii opera*, éd. 1750, t. III, p. 200-202).

A l'époque où saint Augustin se demande *an crudelior est qui subtrahit aliquid vel eripit diviti quam qui trucidat pauperem fœnore* (Ep. 153, *ad Macedonium*, éd. 1688, t. II, p. 534), saint Jean Chrysostôme écrit : « Si argentum haberes sub fœnore collocatum, et debitor probus esset , malles certe syngrapham quam aurum filio relinquere , ut inde proventus ipsi esset magnus ; nec cogeretur alios quærere ubi posset collocare. » (Éd. 1727, t. VII, p. 660, 66e. homélie sur saint Mathieu.)

Au VIe. siècle, l'évêque de Verdun, Didier, s'adresse à Théodoric : « Rogo , si pietas tua habet aliquid de pecunia , nobis commodas quâ

Je mentionne toutes ces autorités, quoiqu'elles soient hostiles à la conclusion qui a obtenu mes pré-

cives nostros relevare valeamus... Pecuniam tuam cum usuris legitimis reddemus. »

Au XIIᵉ. siècle, sainte Juette prête à intérêt *ut supercrescentis lucri particeps esset, sicut multi et honesti secundum seculum viri idem facere consueverant, licet non absque peccati...* Et le bon chanoine de Floreffe, le Prémontré Hugues ajoute : « Quod tamen peccatum, quamvis modo quam grave et grande sit evidenter apparet, tunc tamen temporis aut omnino veniale æstimabatur, aut nullum »(Bollandus, *Acta sanctorum* 13ᵃ. *die januarii, de B. Juetta,* cap. ix, nº. 26, éd. de 1643, t. I, p. 868, col. 1, *ad finem*). — Je ne cite que quelques témoignages des plus frappants, et je ne crois pas que la distinction entre l'usure modérée et l'usure excessive puisse concilier l'antinomie qui existe entre ces divers faits et les décisions des conciles, lorsque nous voyons l'usure définie par saint Ambroise : *Quodcumque sorti adcrescit;* par d'autres : *Ubi amplius requiritur quam datur.*

Aussi quelques historiens, et notamment M. Aubépin (*Revue historique,* 1859, p. 137) et M. Marin-Darbel (*L'usure , sa définition,* p. 107), en ont tiré cette conclusion que la défense faite aux laïques de prêter à intérêt est contemporaine du XIIIᵉ. siècle. Les dispositions antérieures s'appliqueraient aux clercs, et ce serait seulement dans le cas d'usure oppressive que l'Église eût sévi contre un laïque.

Cette opinion ne me paraît pas fondée, et je crois, pour ma part, que la prohibition s'adressant aux laïques est de beaucoup plus ancienne. Je la crois même antérieure à saint Léon, auquel M. d'Espinay en reporte l'initiative (*De l'influence du droit canonique sur la législation française,* p. 102). — Remarquons d'abord que l'opinion contraire repose uniquement sur un argument *à contrario.* Les arguments de cette classe sont souvent périlleux; et, pour montrer combien celui qui nous occupe actuellement est défectueux, j'emprunterai une réponse à Benoît XIV, qui, dans sa constitution restée fameuse sous le nom de *Vix pervenit*, a proclamé avec tant d'autorité les traditions de l'Église sur notre sujet (Gousset, *Théologie morale,* 3ᵉ. édit., t. Iᵉʳ., p. 568; — Marin-Darbel, *loc. cit.,* p. 364): « Si argumentum quod ex illis canonibus instaurant quidquam haberet roboris et efficacitatis pro-

férences, parce que la Cour de Rome elle-même paraît aujourd'hui quitter ces traditions, pour arriver

baret etiam fornicationes et adulteria esse laicis permissa, quia plerique canones in solos clericos fornicarios, et adulteros, nulla facta laicorum mentione, animadvertunt. Quæ sane argumentatio inepta et ridicula foret. Novum quippe non est Ecclesiam severius in clericis punire delicta, quæ etiam in laicis exsecratur; et ad rem apposite monuit concilium Carthaginiense, 1, can. 13: Quod in laicis reprehenditur, id multo magis in clericis oportet prædamnari » (*De synodo diocæscna*, lib. X, cap. iv, n°. 8; éd. 1823, t. II, p. 509). — Mais nous pouvons, en outre, invoquer un texte formel, consigné dans les *Actes* du concile d'Elvire, en 305, et qui nous semble décisif : « Si quis laicus accepisse probatur usuras, et promiserit correctus jam cessaturum nec ulterius exacturum, placuit ei veniam tribui. Si vero in ea iniquitate duraverit, ab Ecclesia esse projiciendum... » Est-ce là, sérieusement, le langage que tiendrait l'Église, si elle n'embrassait dans le même anathème les usuriers, quels qu'ils soient, clercs ou laïques ?

Mais à partir du XIII°. siècle, jusqu'à l'époque de la Réforme, nous voyons tous les docteurs unanimes dans leurs malédictions contre l'usure. Saint Thomas avait dit : « Dicendum quod accipere usuram pro pecunia mutuata est secundum se injustum, quia venditur id quod non est, per quod manifeste inæqualitas constituitur, quæ justitiæ contrariatur » (*Summa theologica*, 2ª. 2ᵃ. quæst. 78, art. Iᵉʳ., éd. 1570, t. XI, 2ᵉ. partie, fᵒ. 184, rᵒ., litt. E). — Telle était aussi l'opinion de l'illustre adversaire de saint Thomas, le docteur subtil Duns Scott. — Cette unanimité est même attestée par ceux qui aujourd'hui enseignent que le prêt à intérêt est licite. « Il est certain, dit le cardinal de La Luzerne, que, depuis le XIIIᵉ. siècle, on a regardé tout intérêt perçu en vertu du *mutuum* comme usure ; que l'unanimité des théologiens l'a condamné sans distinction d'usure oppressive et non oppressive; que le nombre des docteurs catholiques qui ont voulu faire cette distinction est trop peu considérable pour rompre l'unanimité ». — Et ce n'est plus seulement le prêt à intérêt direct qui tombe sous la prohibition ; c'est l'antichrèse qui, au Xᵉ. siècle, était pratiquée ouvertement dans un contrat entre l'abbaye de St.-Riquier

à une doctrine plus conforme à la vérité et aux saines notions de l'économie politique.

La société du moyen-âge paraît avoir accepté sans trop de répugnances et de protestations les défenses de l'Église, qui faisaient sentir leur influence sur la législation civile; et on admit alors, comme un axiôme incontestable, que l'intérêt de l'argent est de sa nature illégitime.

Mais le monde ne reste pas stationnaire. Dans sa marche progressive, des éléments nouveaux que l'on n'avait pas soupçonnés apparaissent et viennent dérouter toutes les combinaisons des siècles antérieurs. — L'industrie et le commerce, qui sous la puissante initiative de Charlemagne s'étaient rapidement développés pour disparaître sous ses successeurs, ne tardèrent pas à refleurir après les Croisades. Ces brillantes expéditions, dont la chrétienté ne retira pas tous les avantages qu'elle avait espérés, eurent au moins le mérite de mettre en relation l'Europe avec l'Asie, de contribuer au puissant développement de la marine, et de favoriser à l'extérieur les transactions

et l'évêque de Liége (*Chronicon Centulense*, lib. III, cap. xxiii et xxx ; lib. IV, cap. iii, v, vi, vii); c'est la vente à terme à des conditions plus onéreuses que la vente au comptant; c'est la vente à rémeré, lorsque le prix de la revente est plus considérable que celui de la première transmission; en un mot, tous les contrats qui peuvent dissimuler un prêt à intérêt; et cette sévérité va toujours croissant avec l'appui du pouvoir séculier et des pontifes Urbain III, Innocent III, Grégoire IX, Grégoire XIII, Boniface VIII, Alexandre VII, et Innocent XI (*Décrétales de Grégoire IX*, liv. III, t. XXI, chap. vi ;— liv. V, t. XIX, chap. vi ; — liv. III, t. XXI, chap. iv. — *Décrétales d'Innocent III,* liv. V, t. XIX, chap. viii).

commerciales. — Les franchises des communes, l'esprit d'association qui inspirait les classes laborieuses,
l'établissement de foires où les marchands de tous
pays accouraient à des époques périodiques pour
liquider leurs comptes, voilà encore autant d'éléments
qui exerçaient une influence incontestable sur les
progrès du commerce intérieur.

Tout cela cependant serait demeuré inutile et sans
effet, si l'on se fût incliné devant les censures ecclésiastiques : on chercha donc, non pas à les heurter
de front, mais à les éluder. Le contrat de change,
les constitutions de rentes, l'antichrèse, tels furent
les moyens que l'on employa d'abord pour se soustraire
aux prohibitions qui menaçaient d'écraser le commerce. — Les Parlements, eux-mêmes, cédaient au
nouveau courant d'idées que des faits inattendus
inspiraient à tous. Les découvertes des navigateurs
du **XVe**. et du **XVIe**. siècle avaient fait abonder sur
nos marchés les précieux métaux que la terre
vierge de l'Amérique versait avec profusion. Le prêt
à intérêt, appuyé par les faits, commençait à se
montrer sans détour, et les magistrats ne s'armaient
plus, pour le repousser, des rigueurs de la loi (1), eux

(1) Il fut jugé à **Tours**, en 1593, qu'en présentant requête au juge
pour le bien des mineurs, on pouvait prêter à intérêt les deniers pupil-
laires, autrement que par constitution de rente (Peleus, *Actiones
forenses*, liv. V, act. 55. — *Questions illustres*, quest. 12). C'était une
dérogation formelle à l'ordonnance d'Orléans, art. 102. — Le 4 janvier
1607, la grand'chambre convertit en rente constituée une obligation
de prêt à intérêt qui n'aurait dû produire aucun effet (Peleus, *Actiones
forenses*, liv. V, action 42).

pourtant , ces antiques gardiens des priviléges de l'Église. Bossuet le leur reproche , non sans quelque amertume : « L'ordonnance défend toute usure, avec une sévérité qui fait bien voir qu'elle a cru suivre en cela la loi de Dieu. Il faut espérer que les Parlements, s'il est vrai qu'ils aient, comme des auteurs le prétendent, des maximes contraires, prendront à la fin l'esprit commun de la loi, et cela arrivera infailliblement, pourvu qu'on n'établisse point les jugements sur des coutumes que l'intérêt seul a établies et qu'on entre, comme il convient à d'humbles enfants de l'Église , dans l'esprit de la tradition, seule interprète de la loi de Dieu (1). »

Les espérances de Bossuet ne seront pas réalisées ; les économistes viendront justifier et victorieusement établir les théories nouvelles. Ils soutiendront et ils prouveront qu'il n'est pas plus illicite de prêter son argent moyennant intérêt, que de louer son champ moyennant redevance. Et alors , écrasés d'une part par l'évidence des faits, arrêtés d'autre part par la règle inexorable qu'ils ont édictée, les théologiens, pour mettre d'accord le fait avec le droit, imagineront ces subtilités désespérantes, ou, pour me servir de l'expression de Dumoulin , ces misérables sophisteries qui fourniront bientôt des armes si terribles à la verve impitoyable du satirique de Port-Royal.— Les mots barbares : *damnum emergens , lucrum cessans , periculum sortis , mohatra , trinus contractus ,* cachant

____

(1) Bossuet, *Traité de l'usure,* édit. Mellier, 1851, t. XIX, p. 551.

tous des violations du principe sévère posé par les pontifes, jouèrent alors un grand rôle dans le monde. Nous ne nous arrêterons pas à les définir et à les commenter (1). Qu'il nous suffise de déclarer que la prohibition n'existait plus que de nom ; qu'il n'était pas un seul cas que l'on ne pût faire rentrer dans les classifications admises, et qu'il suffirait un jour d'y introduire le titre légal, *titulus legis civilis*, pour que l'on pût proclamer hardiment, sans crainte de rencontrer un démenti, que, malgré sa phraséologie, l'Église permettait le prêt à intérêt.

Les choses en étaient à ce point, lorsque parurent les lois révolutionnaires qui autorisaient le prêt à intérêt. Les membres du clergé s'émurent à la pensée de sanctionner, par leur adhésion, une législation qui, par sa formule au moins, heurtait toutes les idées reçues jusqu'alors. Ils s'adressèrent à Rome et on les renvoya à l'Encyclique de Benoît XIV. Puis, les nouvelles théories progressant chaque jour, Pie VIII et la sacrée Pénitencerie proclamèrent que ceux qui professaient que le prêt à intérêt est chose licite ne devaient pas être inquiétés : *non esse inquietandos quousque sancta Sedes definitivam decisionem emiserit, cui parati sint se subjicere* (2).

Et, quant à ces réserves, il y a tout lieu d'espérer

______

(1) Pour les développements, consulter : Bouvier, *Institutiones theologicæ*, 5e. édit., t. VI, p. 433 et suiv.;—Gousset, *Théologie morale*, 3e. édit., t. Ier., p. 396 et suiv.;— Gury, *Compendium theologiæ moralis*, 10e. édit. 1859, t. Ier.. p. 666 et suiv.

(2) 16 août 1830 et 16 septembre 1830.

que l'Église, qui ne se roidit jamais contre l'évidence et qui ne s'est jamais long-temps obstinée à admettre comme vrai ce dont on lui démontrait la fausseté, éclairée par l'étude de l'économie politique et par l'expérience, ne reviendra point sur la décision qu'elle a rendue. J'invoque le témoignage d'un des partisans les plus convaincus de l'illégitimité de l'intérêt, d'un de ceux qui ont poussé la rigueur jusqu'à ses extrêmes limites, Mg^r. Bouvier, qui, dans les derniers temps de son existence, se voyant forcé de tolérer ce qu'il avait toujours combattu, écrivait ces quelques lignes que nous recueillons avec bonheur et qui termineront notre courte digression sur la législation canonique: « Qui consuetam agendi rationem Ecclesiæ romanæ norunt, persuasum habere debent sanctam Sedem contrarias decisiones nunquam edituram. His omnibus momentis ductus, firmiter persuasum habeo lucrum lege taxatum ex mutuo, caritate non debitum, nunc prohibendum non esse, ac timoratos sapienter esse dirigendos, ne ex sua simplicitate, et nimia confessarii rigiditate, detrimentum patiantur (1). »

V.

Si l'influence du Droit canonique sur la formation de notre législation française fut très-grande, cependant elle ne s'exerça que progressivement. Les théologiens, admis alors dans les conseils des rois, son-

(1) Appendice au Traité des contrats.

gèrent avant tout à moraliser la famille, à la débarrasser de ces institutions parasites qui nuisaient à sa dignité et à son indépendance. On toléra d'abord les prêts à intérêt pour combattre plus énergiquement le concubinat, le divorce et l'esclavage. On s'inclina, au moins pour un temps, devant une constitution de Constantin, qui défendait, sous peine de perdre le capital, d'exiger plus que la centésime (1), et on laissa passer la loi des Wisigoths, qui permettait d'exiger un sou pour huit sous, ou douze et demi pour cent (2).

Mais lorsque le christianisme fut assuré de son empire, lorsqu'il domina les peuples et les souverains au point de disposer à son gré des couronnes des princes, et d'affranchir les sujets en frappant le seigneur d'excommunication, il provoqua de nombreux capitulaires, défendant aux clercs et aux laïques de prêter à intérêt (3) : *Prohibemus ut nemo usuram facere præsumat, post episcopi sui constitutionem.* Ceux qui ne tiendront pas compte de l'avertissement de l'évêque tomberont sous le coup de la juridiction du comte : *Quod si quis post ejus interdictum facere præsumpserit, a comitibus præceptum est ut distringatur* (4). Les corporations, les supérieurs ecclésiastiques, les seigneurs laïques devront expulser du

---

(1) Code théodosien, l. 2, t. 32, c. 1.

(2) L. 5, t. 5, c. 8.

(3) Capitulaire de Charlemagne, en 789, c. 5 et 33. — Capitulaire de Charlemagne, en 813, l. 5, c. 38. — Capitulaire de Louis-le-Débonnaire, en 819. — Capitulaire d'Ollonne, en 886, c. 5.

(4) Capitulaire de Lothaire, en 840.

pays tous les usuriers (1); les juges ne pourront condamner les débiteurs (2), et le testament de l'usurier
sera frappé de nullité (3).

Les populations du midi, plus étroitement atta-
chées au Droit romain et aux souvenirs qu'il éveillait,
protestèrent contre cet excès de sévérité. Elles eurent
recours d'abord à des moyens détournés. Mais, quand
les collections de Justinien eurent pénétré en France,
on se familiarisa promptement avec ce contrat si
fréquent dans la législation romaine. Le recueil
connu sous le nom de *Petri Exceptiones* nous parle
du taux de douze, de seize, de cinquante, de soixante-
six pour cent, comme étant en vigueur au XIe.
siècle (4). Les constitutions d'Aix permettent aux Juifs
de prêter à vingt-cinq pour cent, et les statuts de
Bérenger, pour la Provence, ne soumettent à une
pénalité que l'usurier qui réclame plus de quatre-
vingts pour cent.

L'Église ne cesse pas cependant de protester, et,
sous la menace des anathèmes qu'elle dirige contre
ceux qui prêtent à intérêt, beaucoup s'abstiennent,
abandonnant ainsi une puissante source de richesses
à une classe d'hommes que la société d'alors réprouve
et bannit de son sein : *Habere rem cum Judæo a Chris-
tiano est rem habere cum cane* (5).

Dans le nord de la France, les populations, moins

(1) Concile de Lyon, en 1274, c. 26.
(2) Concile de Lavaur, en 1368, c. 120.
(3) Concile de Ravenne, en 1317, R. 15.
(4) *Petri Exceptiones Legum romanarum*, lib. II, cap. xxxii.
(5) Ducange, *Glossarium*, v°. Judæi.

actives et moins commerçantes, paraissent avoir accepté d'abord avec une assez grande résignation les prohibitions canoniques et les capitulaires qui les sanctionnaient. Mais, lorsqu'au XIIIe. siècle, l'étude du Droit romain se généralisa et pénétra dans les pays coutumiers, le prêt à intérêt, qu'Ulpien et Papinien avaient sans cesse admis dans leurs immortelles compositions, apparut moins odieux, et les jurisconsultes ne le condamnèrent plus aussi sévèrement. L'Église redoubla ses rigueurs et le pouvoir temporel vint à son aide pour appuyer son action. —On se défie des juristes. Ce n'est pas eux qu'il faut consulter, dit Henri de Gand, pour savoir si le prêt à intérêt est licite ou injuste ; ce sont les théologiens et les philosophes. — Et on enlève l'examen des contrats usuraires aux juridictions civiles pour charger de ce soin les juridictions ecclésiastiques. « La connaissance de l'usure appartient à la Cour de chrétienté », disait Beaumanoir.

En présence de ces sévérités, le commerce languissait et les peuples commençaient à se plaindre. Aussi, quand l'hérésie des Cathares ou Albigeois vint troubler l'unité religieuse de la France, les riches bourgeois des municipes du midi la saluèrent de leurs acclamations, et s'empressèrent de se constituer les défenseurs d'une doctrine qui les affranchissait de la crainte des censures ecclésiastiques et détruisait le seul frein qui pût les empêcher d'exploiter par l'usure les populations (1).

(1) Du Cellier, *Histoire des classes laborieuses en France*, 1860, p. 122.

A dater de cette époque nous rencontrons, en effet, le monopole du prêt à intérêt entre les mains de casseniers juifs, lombards et caorcins, tous se souciant peu des prohibitions ecclésiastiques et tolérés par les souverains, qui de temps à autre les rançonnaient et les pillaient. Le pieux roi saint Louis ne les traitait lui-même que d'une façon très-cruelle, et le bon sénéchal de Champagne nous a conservé un discours qui prouve comment il fallait, au gré du roi, discuter avec ces races impies: « Nul, s'il n'est grand-clerc et théologien parfait, ne doit disputer aux Juifs. Mais doit l'homme lay, quand il ouït médire de la foi chrétienne, défendre la chose, non pas seulement de paroles, mais à bonne épée tranchante, et en frapper les mécréants et médisants à travers le corps tant qu'elle y pourra entrer. »

Le jour vint même où le roi voulut purger son royaume de la présence impure de ces infâmes usuriers. Les conseillers du prince s'émeuvent et lui exposent que les peuples ne peuvent vivre sans prêteurs: « quod populus vivere non poterat sine mutuo ; et melius esse dicebant, » ajoute Scaccia, « et tolerabilius quod Judæi, qui jam damnati sunt, hujus damnationis exerceant officium, quam aliqui christiani qui ex hac occasione etiam majoribus usuris populum opprimebant! » L'usure est nécessaire, mais celui qui s'y livre encourt la damnation éternelle. Les Juifs sont déjà damnés. Réservons-les donc pour le commerce de l'argent, au lieu d'y sacrifier de malheureux chrétiens.

Mais les princes leur firent souvent payer bien cher ce privilége qu'ils leur accordaient, et à la perspective de la damnation à venir, ils ajoutaient souvent pour les usuriers le spectacle de la ruine présente. Notre histoire normande en fournit la preuve la plus caractéristique. Sous le roi Jean-sans-Terre, tous les principaux seigneurs normands étaient réduits à un tel état de misère, qu'ils durent recourir aux usuriers pour se procurer quelque argent. Lorsque le moment vint de remplir leurs engagements, leur détresse était encore plus grande, et bien loin qu'ils pussent rembourser leurs prêteurs, ils allaient recourir à de nouveaux emprunts. Le roi, à bout d'expédients, ne sachant plus comment payer leurs services, trouva le moyen de tout concilier en ne maltraitant que les prêteurs. « Il se substitua aux droits de ces derniers, et récompensa ses fidèles serviteurs en leur remettant tout ou partie des dettes usuraires que les Juifs leur avaient fait contracter (1) ».

On avait trouvé un moyen de tirer des Juifs un parti plus avantageux que celui proposé par saint Louis. Les tuer ne rapportait rien, il valait mieux les piller. « Ce fut alors un curieux spectacle que de voir les pouvoirs publics de ce temps-là flétrir l'usure et en profiter, poursuivre les Juifs, mais principalement pour les contraindre à souffrir un partage régulier de leur gain. Un Juif produisait tant par an ou par

---

(1) Léopold Delisle, *Études sur la condition de la classe agricole en Normandie, au moyen-âge*, 1851, p. 196.

trimestre à son seigneur, et les Juifs, considérés comme instruments de production, devinrent presque aussitôt des objets de vente et d'échange. On s'intentait des procès pour réclamer la propriété de tel ou tel Juif, relevant de tel ou tel domaine (1). »

Malgré ces poursuites tyranniques contre la nation juive, l'argent abondait de toutes parts entre ses mains. Séduits par le désir de conquérir aussi de grandes richesses, et de ne pas laisser à un peuple proscrit ces immenses avantages, des chrétiens et même des dignitaires ecclésiastiques, sans s'inquiéter

(1) **M.** Prévost-Paradol, *Journal des Débats*, 12 octobre 1860. — V. encore, sur la condition des Juifs à cette époque et sur les mesures législatives prises contre eux : **M.** Dareste de La Chavanne, *Histoire de l'administration en France*, t. II, p. 166. — Les *Établissements et coutumes de Normandie*, au XIIIᵉ. siècle, renferment la disposition suivante : « Se aucuns useriers muert, et il est atainz par le serement de XII de ses voisins que il ait maintenu usure dedanz l'an et le jor que il muert, li dus aura toz ses chatiex ; en qui terre que li useriers maingne, sa fame ne si emfant n'auront riens de ses chatex, ne li provoire plus ; més li heritages remaindra à la fame et as emfanz (Marnier, *Établissements et coutumes*, 1839, p. 34.). — Ce droit de dévolution des meubles au duc, au détriment de la femme, des enfants, et du clergé, paraît avoir été plus tard étendu à tous les biens de l'usurier : « Ils distrent que l'userier que tandis comme il est el lit de la maladie, se il départ aucune chose de sa main, ce est estable ; et après sa mort tout sera le roi, se il puet estre prové que il oit presté à usure dedanz l'an que il morut » (Marnier, *loc. cit.*, p. 82). — Peut-être, dans l'espèce, la fortune de l'usurier était-elle complètement mobilière ? — Nous retrouvons, en effet, une décision de l'Échiquier de Normandie, rendue à Rouen au temps de Pâques de l'année 1233, qui ne parle que de chatel (effets mobiliers) (Marnier, *Arrêts de l'Échiquier de Normandie, loc. cit.*, p. 161).

de la sévérité des canons, se livrèrent au commerce de l'argent. Ils eurent recours d'abord à des constitutions de rente que la pratique admit et valida ; ils obtinrent ensuite que les Parlements traitassent sans sévérité les contrats usuraires. — Puis, les princes souverains réglementèrent ce trafic, que la Réforme développait encore, et des officiers royaux furent chargés de surveiller les prêteurs. Surveillance qui nous semble bien inutile, si l'on songe à certaines ordonnances dont une notamment, émanant de Charles V, autorise le taux de quatre deniers par semaine, par livre, et sur gage ! Près de quatre-vingt-sept pour cent (1).

Les rois, eux-mêmes, encouragèrent cette pratique en contractant des emprunts. En 1662, Louis XIV empruntait cinq millions au denier dix-huit pour solder l'acquisition de Dunkerque (2) ; et qui ne sait que, dans les dernières années de la vie du grand roi, notre pays voyait ses richesses abandonnées en paiement aux banquiers de Gênes, et aux traitants de France ?

Mais ce fut surtout au XVIIIe. siècle que la fièvre des spéculations, développée par les promesses mensongères du financier Law, prit tout à coup des proportions véritablement surprenantes. « Le clergé ne sut pas échapper à cette contagion. La noblesse aurait dû l'éviter, par le goût des grandeurs chevaleresques, qui avait fait sa gloire et maintenu sa puis-

(1) Ordonnances , collection du Louvre, t. V , p. 493 et 494.

(2) Mémoire autographe de Colbert, cité par M. Chéruel , *Histoire de l'administration monarchique en France*, t. II, p. 191 et 192.

sance ; le clergé avait contre elle un rempart beaucoup plus solide, puisque c'était Dieu lui-même qui l'avait élevé, et qui y avait mis, pour le fortifier, l'humilité, l'indigence, le mépris des biens terrestres... La bourgeoisie, qui s'était formée par le travail, la patience, l'économie, subit, elle aussi, l'influence de la corruption (1). » Suivant l'expression de Massillon, « la fureur des jeux » était déchaînée. La grande voix de d'Aguesseau ne pouvait plus contenir l'orage ; la digue se brisait. Encore quelques années, et Turgot pourra dire : « La rigidité des lois a cédé à la force des choses... Il en sera toujours ainsi, toutes les fois que la loi défendra ce que la nature des choses rend nécessaire. » Encore quelques années, et, sur les instances énergiques des économistes les plus distingués, la législation permettra le prêt à intérêt ! Grande et puissante révolution que la Constituante devait réaliser !

Après les luttes fameuses qui signalèrent ses premiers jours, l'Assemblée nationale était à peine réunie, que Pétion de Villeneuve proposait une motion tendant à autoriser le prêt à intérêt et à temps. Quelques représentants de l'ordre du clergé s'émurent, et virent dans cette proposition une attaque contre la morale de la religion et les principes de la loi naturelle. Mais un député dont le nom est resté obscur, l'abbé Gouttes, remit en lumière, avec un grand bonheur, les principes économiques et même théolo-

(1) M. Oscar de Vallée, *Les Manieurs d'argent*, 4e. éd., p. 106 et 107.

giques de la question : « Rien ne produit rien, dit le Seigneur ; mais l'argent est la semence du commerce, comme le grain est la semence du blé. » Et le célèbre abbé Maury, reprenant cette idée, ajoutait : « Nulle puissance ne peut conserver son rang parmi les nations sans le commerce, et le commerce ne peut exister sans le prêt à temps et à intérêt. Cette question n'en est pas une de religion, mais de politique (1). »

Aussi, le 3 octobre 1789, l'Assemblée nationale formula en ces termes le résultat de ses délibérations : « L'Assemblée nationale décrète que tous particuliers, corps, communautés et gens de main-morte, pourront à l'avenir prêter de l'argent à terme fixe, avec stipulation d'intérêt suivant le taux déterminé par la loi, sans entendre rien innover dans les usages des différentes places de commerce. »

Quelques députés tenaient même pour inutile la fixation d'un taux légal. « On peut proposer de rendre l'argent commerçable, disait Pétion de Villeneuve ; la concurrence en diminuera le prix. » Et Target s'écriait : « Éloignez toute fixation de taux et tenez-vous-en aux conventions particulières. »

La Révolution suivit ces conseils. Dans sa législation variable sur le commerce de l'argent, la liberté fut la règle des conventions, et aucune loi ne limita le taux de l'intérêt. Le Code Napoléon garda le même silence, et ce ne fut que dans le projet de Code de commerce qu'apparut la première idée d'une fixation légale.

______

(1) *Réimpression de l'ancien Moniteur*, n°. 67, t. II. p. 4 et 5.

L'article 71 déclarait que le taux de l'intérêt se con-
staterait comme le cours des marchandises.

La loi du 3 septembre 1807 réalisa cette innovation. Le Corps législatif, après avoir entendu un
exposé de motifs fait par le conseiller d'État Jau-
bert, et un brillant rapport du tribun Goupil-Préfeln (1),
décida que l'intérêt conventionnel ne pourrait excéder
en matière civile cinq pour cent, et en matière commerciale six pour cent.

Telle est encore aujourd'hui la législation qui nous
régit. Cette loi de 1807, qui, dans la pensée même
de ses rédacteurs, ne devait avoir qu'une existence
temporaire, a vécu plus d'un demi-siècle (2)! Subsis-
tera-t-elle encore long-temps? C'est ce que nous ne
saurions dire. Mais, en présence des attaques presque
violentes qui chaque jour la battent en brèche, en face
des manifestations qui éclatent au sein même de nos
grandes assemblées, au lendemain surtout de ce re-
marquable travail qu'un éminent juriste a soumis
au Sénat (3), et qui tend à l'abolition partielle de

(1) Locré, *Législation civile*, t. XV, p. 66 et 77.

(2) Je ne parle que pour mémoire d'un décret rendu au milieu des
désastres qui signalèrent la chute de l'Empire. Le 18 janvier 1814, l'Empereur décréta : « La disposition de la loi du 3 septembre 1807...
sera suspendue à compter de la publication du présent décret, jusqu'au
1er. janvier 1815. Les prêteurs et les emprunteurs auront, pendant cet
espace de temps, la liberté de déterminer par les contrats ou autres actes
la quotité de l'intérêt.

(3) Rapport fait au Sénat, au nom de la Commission des pétitions,
par M. le sénateur Bonjean.

l'œuvre des législateurs de 1807, il est permis de croire que l'heure sonnera bientôt où une nouvelle tentative sera faite en faveur de la liberté du crédit. Et plaise à Dieu que l'épreuve réussisse, et tourne au plus grand avantage de la richesse et de la prospérité publiques !

DES INTÉRÊTS

SOUS LE CODE NAPOLÉON.

1. Nos études purement théoriques sont terminées, et nous devons descendre maintenant dans la sphère des législations positives qui règlent aujourd'hui nos relations sociales. Le droit n'est pas seulement une science; il est encore, suivant l'expression si heureuse et si justement louée d'un de nos maîtres, une science d'application (1). Nous allons donc avoir à parcourir les nombreux textes épars dans nos Codes sur les intérêts que l'on peut, à notre époque, retirer de l'argent.

Notre travail sera nécessairement incomplet, hâtons-nous de le reconnaître. Exposer dans son ensemble, sans négliger aucun détail, la vaste théorie qui fait l'objet de cette étude; la suivre non-seulement dans tout le domaine du droit civil, mais encore sur le terrain de la législation commerciale et du droit sanctionnateur; envisager non-seulement les questions les plus importantes qui se débattent devant les juri-

---

(1) M. Demolombe.—Voir M. Laferrière, *Introduction aux Tables analytiques des Revues de droit et de jurisprudence*, p. 51.

dictions ordinaires, mais encore parcourir les difficultés des comptes-courants et des lois sur l'usure : c'est là une tâche devant laquelle nous avons reculé, par un juste sentiment de notre faiblesse et des limites que nous devions assigner à ce travail.

Mais dans le cercle, étroit, si l'on veut, où nous avons renfermé nos recherches, nous n'avons pas oublié que « le droit comparé est l'auxiliaire puissant qu'appellent des études juridiques mesurées sur les exigences de notre époque », et nous avons, autant qu'il était en nous, consulté « le passé de Rome et de la France (1) ». — C'est là même ce qui peut expliquer l'insuffisance, sur certains points spéciaux, des données historiques que nous avons précédemment exposées. Nous avons cru qu'une longue et froide énumération de textes, empruntés à la législation romaine et à nos anciens auteurs, présentés isolément et sans aucun lien de contact avec nos institutions modernes, n'offrirait qu'un intérêt médiocre, et nous avons cru devoir réserver ces autorités pour les rapprocher de notre étude exégétique.

Les explications dans lesquelles nous allons entrer peuvent se rattacher à cinq divisions :

1°. Intérêts conventionnels ;

2°. Intérêts moratoires ;

3°. Intérêts légaux ;

4°. Anatocisme ;

5°. Prescription des intérêts.

---

(1) M. Bertauld, *Biographie de Bodin*, 1857, p. 26, et *Philosophie politique de l'Histoire de France*, 1861, p. 349.

CHAPITRE Ier.

DES INTÉRÊTS CONVENTIONNELS.

2. Les intérêts conventionnels, le mot l'emporte, sont ceux qui sont dus en vertu de la convention des parties.

En Droit romain, pour reconnaître si une convention pouvait devenir la source d'une perception d'intérêts, il fallait distinguer entre les contrats *stricti juris*, et les contrats *bonæ fidei.*

Dans les contrats *stricti juris,* et notamment dans le *mutuum* ou contrat de prêt, les intérêts n'étaient dus que lorsqu'ils avaient fait l'objet d'une stipulation formelle entre les parties (1). — On admettait, toutefois, qu'un simple pacte suffisait dans le cas où le prêt avait été fait par un *argentarius* (2), ou par une ville (3), en matière de *nauticum fœnus* (4) et de prêt de denrées (5). — On décidait même que, lorsque le pacte était fortifié par une hypothèque, le créancier pouvait, dans tous les cas, réclamer des intérêts par voie de rétention (6).

____

(1) *Pauli Sententiæ, De usuris,* l. 2, t. 14, § 1;— l. 3, C., *De usuris.*

(2) *Nov.* 136, c. 4.

(3) L. 30, D., *De usuris.*

(4) L. 5, § 1, D., *De nautico fœnore.*

(5) L. 12, C., *De usuris.*

(6) L. 4., C., *De usuris;*—l. 101, § 1, D., *De solutionibus.*—Cf. l. 5, § 2, D., *eod. tit.;* — Machelard, *Des obligations naturelles,* p. 32.

Dans les contrats *bonœ fidei*, un simple pacte suffisait (1).

A la stipulation et aux pactes, il faut encore joindre le testament. Un disposant pouvait, en formulant ses dernières volontés, astreindre son légataire à payer les intérêts d'une créance (2).

Dans toutes les circonstances où un débiteur avait payé des intérêts en vertu d'un simple pacte non obligatoire, il ne pouvait pas plus tard agir en répétition, et le créancier n'était pas tenu d'imputer ces intérêts sur le principal (3).

Dans l'ancien droit, les pays de droit écrit et les pays de coutume ne suivaient pas les mêmes règles.

Dans les pays coutumiers, le prêt n'était pas susceptible d'une stipulation d'intérêts ; mais, en matière de vente de choses mobilières, de dons ou de legs, de transactions et de sociétés, des intérêts pouvaient être stipulés par les parties. — Les pays de droit écrit se montraient plus tolérants : quelques-uns admettaient les intérêts dans le contrat de prêt ; d'autres n'admettaient pas la stipulation même ; mais le débiteur qui avait payé ne pouvait pas agir par la *condictio indebiti* (4).

Le Code Napoléon indique, dans plusieurs de ses dispositions, que les parties peuvent par convention stipuler des intérêts (5). La règle est que, dans tout

(1) L. 5, C., *De pactis inter emptorem et venditorem.*
(2) L. 3, § 6., D., *De annuis legatis.*
(3) L. 3, C., *De usuris ;* — l. 26, Pr. D., *De condictione indebiti.*
(4) Lecamus d'Houlouve, *Traité des intérêts*, p. 81 et 82.
(5) Art. 1652, art. 1905.

acte, vente, donation, testament, prêt, arrêté de compte... des intérêts peuvent être promis. — Mais n'oublions pas que l'obligation de payer des intérêts étant une obligation exceptionnelle, il faut, pour qu'un contrat puisse en être le principe, que les parties s'en soient formellement expliquées. Et, comme dans le doute, *ad id quod minimum est, redigenda summa est* (1), si l'on éprouve quelque hésitation, il faudra se prononcer en faveur du débiteur.

3. L'art. 1907 veut que le taux de l'intérêt conventionnel soit fixé par écrit; et cette règle spéciale devrait recevoir son application, alors même qu'il s'agirait d'une valeur inférieure à cent cinquante francs.

Mais faut-il en conclure, avec M. Duranton, que le créancier n'aurait pas le droit de déférer le serment au débiteur, ni de le faire interroger sur le fait de cette promesse d'intérêts? L'éminent professeur de la Faculté de Paris enseigne que « l'on peut considérer la promesse non rédigée par écrit, comme en Droit romain on considérait la promesse d'intérêts, qui, dans un contrat de prêt, n'était point faite en la forme de la stipulation, mais du simple pacte ; promesse qui ne peut produire aucune action (2). »

Je ne crois pas que cette résurrection de la théorie des pactes et des stipulations soit heureusement

(1) L. 34, D., *De regulis juris.*
(2) T. 17, n°. 598.

inspirée. Notre Droit ne connaît plus ces distinctions, toutes romaines, entre les obligations qui astreignent *jure civili* et celles qui n'obligent que *naturaliter*. Si, dans certains cas, il proscrit la preuve testimoniale, c'est qu'il en craint les dangers, et alors il répute l'obligation inexistante. Mais lorsque le créancier fait appel au débiteur lui-même, celui-ci est-il fondé à soutenir que son témoignage est sans valeur et qu'on n'en devrait tenir aucun compte ? La loi exige ici un acte écrit, non pas *ad solemnitatem*, mais seulement *ad probationem*, et dès là qu'on peut se procurer une preuve à l'abri de tout soupçon, dans notre sujet, comme en matière de transaction et d'antichrèse (1), on doit y recourir.

4. La loi du 3 septembre 1807 a fixé le taux maximum de l'intérêt, et lorsque la convention sera muette sur l'indication du chiffre que les parties auront eu en vue, il faudra présumer qu'elles ont voulu s'en rapporter à la détermination légale.

Mais, s'il est incontestable que, depuis la loi de 1807, on ne peut jamais, au moyen d'un prêt, retirer de son argent un intérêt supérieur à l'intérêt légal, faut-il en conclure que la même règle s'appliquera à tous les autres contrats sans exception ? — Cette question est, en général, résolue affirmativement et les termes de la loi de 1807 semblent favoriser cette solution. Mais il faut reconnaître que l'attention des législateurs

(1) Art. 2044 et 2085, C. Nap.

se portait alors exclusivement sur les contrats de
prêt d'argent et nous croyons, pour notre part, que
la disposition limitative du taux des intérêts ne peut
raisonnablement recevoir l'extension qu'on lui prête.

J'emprunte un exemple au contrat de vente : Je
vous vends un immeuble, moyennant cent mille francs,
prix principal, et nous convenons que ce prix portera
des intérêts sur le taux de dix pour cent, jusqu'au
jour de l'échéance. L'année expirée, je m'adresse à
vous et je vous réclame dix mille francs. — Je ne vous
dois que cinq mille francs, dit l'acquéreur ! La stipulation est usuraire ; et il argumente de la loi de 1807 :
« L'intérêt conventionnel ne pourra excéder, en matière civile, cinq pour cent ». Or, par un contrat,
vous avez stipulé dix pour cent. Donc vous avez violé
la loi sur l'intérêt de l'argent.

Le raisonnement paraît en forme, et cependant
c'est la thèse contraire qui doit prévaloir. Ni le texte,
ni les motifs du texte ne s'appliquent à notre hypothèse.

La loi de 1807 s'est uniquement occupée du prêt
à intérêt, et la pensée du législateur se manifeste
dans les expressions mêmes de la loi : « Lorsqu'il sera
prouvé que le prêt conventionnel... Tout individu
qui sera prévenu de se livrer à l'usure sera condamné à une amende, qui ne pourra excéder la moitié
des capitaux qu'il aura prêtés à usure. » Ici, nous ne
sommes pas en présence d'un prêteur. Nous sommes
en face d'un vendeur. Donc la loi ne lui est pas applicable.

J'en dirai autant des motifs de la loi. Celui que le

législateur veut protéger, c'est l'homme aux prises avec le besoin d'argent, l'homme qui est à la merci du prêteur et qui subit la loi qu'on lui dicte. L'emprunteur, dans la détresse, n'a pas eu la liberté de son consentement, et la loi le relève de ses engagements imprudents. — Telle n'est pas la situation d'un acquéreur. N'est-ce pas lui, au contraire, qui impose ses lois au vendeur? On peut être forcé de vendre ; on n'est jamais obligé d'acheter ; la loi elle-même le proclame en refusant, par l'art. 1683, toute espèce de rescision à l'acheteur qui se prétend lésé.

Ce qu'il faut dire, c'est qu'il s'agit ici d'un véritable prix de vente. J'ai stipulé que, pendant dix ans, vous me paieriez chaque année dix mille francs. N'aurais-je donc pas eu le droit de vous vendre mon immeuble, moyennant deux cent mille francs? L'opération peut être désastreuse pour vous ; vous en subirez les conséquences.

Je crois fermement, pour ma part, que la stipulation n'a rien d'illicite.

Mais, afin de bien préciser notre opinion sur ce point, conservons notre hypothèse et voyons notre principe aux prises avec une difficulté plus grave.— Le jour de l'échéance est arrivé, et vous ne pouvez me payer le capital. Je vous accorde un nouveau délai, sous la condition que, jusqu'au jour du paiement, vous continuerez à me payer annuellement dix mille francs. Est-ce valable?

Je ne le crois pas, et les deux arguments sur lesquels je me fondais, dans l'hypothèse précédente, manquent complètement. Ce n'est plus ici une vente que je vous consens ; c'est une sorte de contrat de prêt qui intervient entre nous. Vous ne pouvez me payer : c'est moi, créancier, qui vous dicte actuellement la loi et qui vous impose mes conditions. Les rôles sont changés. L'origine de nos relations se trouve bien dans un contrat de vente ; mais le contrat de vente a fait son temps, et je ne pourrai désormais exiger de vous que l'intérêt légal.

Nous pouvons encore rendre notre solution plus saillante, en choisissant une hypothèse intermédiaire entre celles que nous venons d'étudier.—Je vous vends ma maison cent mille francs payables dans cinq ans, et le contrat porte que si, à l'expiration des cinq années, vous ne me payez pas, vous me devrez, à partir de cette époque, des intérêts sur le pied de dix pour cent. Dans le premier cas, nous n'avions qu'une stipulation ; ici nous en avons deux. Dans le second cas, nous avions deux stipulations distinctes, *ex intervallo ;* ici nous rencontrons deux stipulations faites *in continenti.* Quelle sera notre solution ?

On pourrait soutenir qu'il s'agit là d'un prix de vente, puisque tout est écrit dans le contrat ; qu'un prix de vente doit être accepté tel que l'acquéreur l'a fixé ; que celui-ci a acheté à ses risques et périls et qu'il doit subir le résultat.

J'admets volontiers, dans la première hypothèse, qu'on voie un prix de vente dans les cent cinquante mille francs que l'acquéreur devra payer. Mais ici la vente a eu lieu moyennant cent mille francs. C'est là seulement ce qui forme le prix.

Mais, dit-on, cette dernière stipulation est toute à l'avantage de l'acheteur. Dans ce cas, il peut échapper au paiement des intérêts sur le taux de dix pour cent. Dans l'autre cas, il ne pouvait s'y soustraire.

La vérité est que ces espérances, dont se bercent souvent les emprunteurs, de pouvoir échapper par le remboursement aux intérêts qui dévorent leur fortune, sont le plus souvent chimériques. C'est un piége auquel malheureusement un trop grand nombre succombent. Ce qu'il faut voir, c'est si ces intérêts sont une portion intégrante du prix de la vente. Si c'est un prix, le vendeur devra le recevoir nécessairement, toujours et quoi qu'il arrive. Ici, le vendeur recevra-t-il ? On l'ignore : la réponse est subordonnée au point de savoir si l'acheteur paiera ou non à l'échéance.

Ma conclusion serait donc qu'il ne faut pas introduire la loi de 1807 dans les contrats pour lesquels elle n'a pas été faite ; mais cette loi doit recevoir son application lorsqu'on se trouve en présence d'un prêt apparent ou déguisé, lorsque l'opération peut masquer une stipulation usuraire.

5. Les parties conviennent le plus souvent que les intérêts seront payables par année. Mais, en l'absence même de cette clause, je crois que le créancier pourrait exiger annuellement les intérêts, sans être forcé d'attendre l'échéance du capital.

On s'est même demandé si l'on pourrait valablement stipuler que les intérêts ne seraient payables qu'avec le capital ? Par exemple, j'emprunte de *Secun-*

dus cent mille francs remboursables dans vingt ans, et *Secundus* stipule que les intérêts ne lui seront pas annuellement payés, qu'ils ne seront acquittés qu'à l'échéance, et qu'à l'expiration du délai de vingt ans, je devrai lui remettre la somme de deux cent mille francs. Est-ce licite?

Non, d'après **M. Pont.** Une pareille stipulation n'est valable que pour cinq ans. Et cette solution repose sur deux arguments puisés, l'un, dans l'art. 2277 qui ne permet au créancier de réclamer que cinq années d'intérêts; l'autre, dans l'art. 2220 qui annule toute renonciation faite à une prescription non encore accomplie (1). Le débiteur ne pourrait dire: Pour le cas où je ne servirais pas les intérêts avec exactitude, je renonce à l'avance à me prévaloir de la prescription. Or, quelle différence peut-on reconnaître entre les deux hypothèses?

Je souhaiterais fort, pour ma part, de pouvoir adhérer à l'opinion proposée par le savant continuateur de Marcadé. Je consens à reconnaître que cette stipulation offre presque tous les dangers de l'anatocisme. Mais les deux arguments invoqués par l'éminent jurisconsulte me paraissent sans valeur. Notre convention n'est contraire ni à l'art. 2277, ni à l'art. 2220.

L'art. 2277 déclare, il est vrai, que les intérêts se prescrivent par cinq ans. Mais la prescription ne peut courir que du jour de l'échéance, du jour où le créancier a pu légitimement réclamer ce qui lui était dû;

(1) Priviléges et hypothèques, n°. 1023, p. 959.

or, ici, les intérêts n'étaient pas exigibles et le créancier n'était pas fondé à les demander. Il ne pouvait
agir ; la prescription ne l'atteindra pas.

J'ai, par là, répondu à l'art. 1220. Il n'y a pas renonciation à une prescription non encore accomplie.
La prescription ne commencera à courir qu'à l'expiration de la vingtième année. Or, la convention déclare
elle-même qu'elle ne produira effet que jusqu'à cette
époque.

Vainement on chercherait à appuyer cette thèse
sur l'art. 1154, qui défend, ainsi que nous le verrons
bientôt, toute stipulation d'anatocisme faite à l'avance.
Cet article renferme une disposition spéciale, que
l'on peut avoir le désir d'appliquer à notre hypothèse,
mais que le législateur, souverain maître en ces
matières, n'a pas étendue jusque-là.

Tenons donc pour valable, et je le dis avec regret
au point de vue de l'intérêt du débiteur, la stipulation
qui nous occupe.

6. Je suppose la convention légalement formée et
un certain laps de temps écoulé depuis le contrat.
Le débiteur doit à son créancier tout à la fois des
intérêts et un capital ; il fait alors au créancier un
paiement insuffisant pour éteindre la dette entière.
Sur quelle partie de la créance, capital ou intérêt,
devra-t-on imputer le paiement?

Si les parties se sont expliquées sur ce point, leur
convention sera la loi que le juge devra interroger :
Respondi, si qui dabat in sortem se dare dixisset,

usuris non debere proficere (1). Mais, lorsqu'elles ont gardé le silence, la raison indique assez que l'imputation doit être faite d'abord sur les intérêts. Le débiteur qui est en retard dans le paiement des intérêts ne peut, jusqu'au jour où il a purgé ce retard, éteindre, au préjudice du créancier, la créance productive d'intérêts. Et, d'autre part, comme le créancier aurait le droit de refuser un paiement partiel, la loi suppose que, s'il accepte une somme insuffisante pour produire l'extinction de la totalité de la dette, il met à son acceptation les conditions qui lui seront le moins défavorables.

Aussi, la loi romaine faisait ainsi l'imputation : *Prius in usuras, et, si quid superest, in sorte* (2). *Si neuter*

(1) **L.** 102, § 1, D., *De solutionibus.*

(2) **L.** 5, § 3, D., *De solutionibus.* — Cette même loi, dans son second paragraphe, prévoyait une hypothèse assez curieuse pour nous arrêter un instant. Ulpien suppose qu'un débiteur doit les intérêts d'une créance, partie en vertu d'une stipulation, partie en vertu d'un simple pacte. Mais le tout est garanti par une hypothèque. Le débiteur fait un paiement partiel ; l'imputera-t-on exclusivement sur les intérêts dus en vertu d'une stipulation ?

Non, dit le jurisconsulte, analysant un rescrit d'Antonin : *Quod solvitur in usuras, ad utramque causam usurarum, tam debitarum, quam indebitarum, pertinere.*

Cessant l'hypothèque, il faudrait dire que l'imputation portera uniquement sur les *usuræ debitæ ;* et , dans le cas où il y aurait eu seulement des *usuræ indebitæ,* les intérêts n'étant pas exigibles en l'absence de l'action hypothécaire qui supplée ce que le pacte a par lui-même d'incomplet, dans le silence des parties, l'imputation porterait sur le principal. Elle n'aurait lieu sur les intérêts que dans le cas où les parties l'auraient expressément indiqué.

Jusqu'ici, nous ne rencontrons rien que de très-rationnel, et de très-

*voluntatem suam expressit, prius in usuras, id quod
solvitur, deinde in sortem, accepto feretur* (1).

Dans l'ancien Droit, l'imputation des intérêts, lorsque le créancier était fondé à en réclamer, avait lieu sur le principal préférablement aux intérêts, excepté lorsqu'il s'agissait d'intérêts dus de plein droit par le débiteur (2).

Notre Code Napoléon est revenu aux principes du Droit romain, et, sans distinguer entre les diverses espèces d'intérêts, il décide que « le débiteur d'une dette qui porte intérêt ne peut point, sans le consentement du créancier, imputer le paiement qu'il fait sur le capital, par préférence aux arrérages ou intérêts. Le paiement fait sur le capital et intérêts, mais qui n'est point intégral, s'impute d'abord sur les intérêts. »

conforme à tous les principes du Droit romain sur les effets des pactes et des stipulations.

Mais reprenons l'hypothèse où l'imputation se fait tout à la fois sur les *usuræ debitæ* et les *usuræ indebitæ*. Le débiteur doit au créancier soixante-quinze sesterces pour *usuræ debitæ*, vingt-cinq sesterces pour *usuræ indebitæ*. Il paie seulement cinquante sesterces. Ne semble-t-il pas que trente-sept sesterces et demi seront imputés sur les *usuræ debitæ;* douze sesterces et demi sur les *usuræ indebitæ?* La logique paraît commander ce résultat. — Eh bien! cette solution serait inexacte. L'imputation se fera *æqualiter ad utramque causam, non pro ratâ!* Le texte est formel sur ce point, et je me borne à constater sa décision. (Machelard, *Obligations naturelles*, p. 32.)

De semblables questions ne peuvent plus se produire dans notre Droit, qui ne reconnaît pas ces distinctions entre les stipulations obligeant civilement et les pactes obligeant seulement *naturaliter*.

(1) L. 1, C., *De solutionibus*.

(2) Lecamus d'Houlouve, *Traité des intérêts*, p. 258.

7. **M. Marcadé** a soutenu, cependant, que cet article 1254 ne s'appliquait pas aux intérêts moratoires, et, à l'appui de son opinion, il a invoqué les précédents, le texte et les motifs de l'article.

Dans l'ancien Droit, nous l'avons vu, l'imputation avait lieu sur le principal, et non sur les intérêts, lorsqu'il s'agissait d'intérêts moratoires. L'article 1254 a-t-il voulu déroger à cette situation? La négative résulte des discussions du Conseil d'État, puisque, sur la remarque faite par **M. Réal** que, dans sa généralité, l'article serait une innovation, si on l'appliquait à d'autres prestations que les arrérages de rentes et les intérêts du prix des choses frugifères (1), **M. Treilhard** crut devoir justifier l'article de ce reproche d'innovation qui lui était à tort adressé.

En second lieu, le texte parle d'une dette qui porte intérêt. Or, les intérêts moratoires ne découlent pas de la dette, mais bien du préjudice causé par le retard que le débiteur met à l'exécution de ses engagements.

Enfin, on comprend la disposition de l'article 1254 lorsqu'il n'y a qu'une dette unique ayant pour objet un principal et ses accessoires. Mais, lorsqu'il y a plusieurs dettes, il faut revenir à la règle écrite dans l'article 1256 : « Le paiement doit être imputé sur la dette que le débiteur avait le plus d'intérêt d'acquitter. » Or, la dette d'intérêts moratoires est une dette distincte de la dette du capital, puisque, si l'une

____

(1) Locré, *Législation civile*, t. XIII, p. 171.

provient d'un contrat, l'autre tire son origine du fait du débiteur, de sa morosité. — Il faut donc imputer les paiements partiels sur le capital, sur ce que l'ancien Droit appelait la *partie la plus dure* (1).

Cette argumentation ne me paraît pas convaincante et elle repose, à mon avis, sur une interprétation inexacte de la discussion du Conseil d'État qui condamne formellement la théorie de M. Marcadé. Je veux reproduire ici les paroles de M. Treilhard (2): « Quand des intérêts étaient prononcés par forme de condamnation, pour le retard de paiement d'une dette qui naturellement ne devait point en produire, on imputait, en effet, les paiements partiels sur le capital; mais on les imputait sur les intérêts et les arrérages, lorsque ces arrérages et intérêts étaient produits naturellement et légalement par la dette. On tenait pour principe qu'une somme d'argent ne devait, en aucun cas, donner d'intérêts; que ceux qui résultaient d'une condamnation n'avaient pas vraiment ce caractère, qu'ils n'étaient adjugés que par forme de peine et de dédommagement; mais cette jurisprudence était particulière au Parlement de Paris. Dans plusieurs Parlements du pays de droit écrit, on avait adopté le système inverse... »

Voyons donc quelle était cette jurisprudence : « En pays de droit écrit, de quelque nature que soit une créance qui produit des intérêts, et soit que ces

---

(1) Marcadé, art. 1254, 3°., t. IV, n°. 724.

(2) Locré, *Législation civile*, t. XIII, p. 171, 172.

intérêts soient dus *ex natura rei,* ou *ex mora et officio judicis,* tous paiements à-compte, sans imputation expresse sur le principal, ne sont imputés que sur les intérêts, et ne peuvent diminuer ce même principal, qu'après l'entière extinction des mêmes intérêts (1). » Telle était la jurisprudence des Parlements de Toulouse, de Grenoble et d'Alsace.

Revenons à M. Treilhard, et voyons sa conclusion: « Il importe donc de distinguer ces deux jurisprudences opposées: celle des pays de droit écrit est plus conforme à la législation actuelle, qui considère l'argent comme susceptible de produire des intérêts. »

Est-il possible, je le demande, de déclarer plus énergiquement que l'art. 1254 atteint les intérêts moratoires? Et l'article, par la généralité de ses expressions, et malgré les subtilités auxquelles M. Marcadé a été contraint de recourir, répond parfaitement à la pensée du Conseil d'État. Les intérêts moratoires, nous le verrons bientôt, sont en réalité des accessoires du principal, soumis, quant à leur fixation, quant à leur conservation, et quant à leur prescription, à toutes les règles ordinaires des intérêts. Il serait en effet bien étrange que la sentence du juge ne pût pas arriver au même résultat que la convention des parties, et qu'un débiteur en faute fût traité plus favorablement que celui qui remplit exactement ses engagements. Le système de M. Marcadé aboutirait d'ailleurs à la multiplication des poursuites dirigées

---

(1) Lecamus d'Houlouve, *Traité des intérêts,* p. 262.

contre les débiteurs, puisque le créancier, qui, dans cette théorie, n'aurait même pas le droit, malgré le débiteur, d'imputer expressément sur les intérêts le paiement qui lui est fait, l'art. 1254 n'étant pas applicable, n'aurait d'autres ressources que de poursuivre inexorablement son débiteur, et de le soumettre à la nécessité d'une libération immédiate.

L'article 1254 est général et doit donc être étendu à tous les intérêts.

8. J'ajoute qu'il doit s'appliquer dans toutes les circonstances, et, par là, je fais allusion à une controverse que je négligerais, si elle ne se rattachait aux noms illustres de Cujas et de Basnage.

De ce que le cautionnement ne se présume pas, on a induit cette conséquence, que la caution donnée pour le principal n'est pas obligée au paiement des intérêts. — Un créancier fait exproprier les biens de son débiteur ; mais il ne reçoit qu'une partie de ce qui lui est dû. La caution peut-elle soutenir que l'imputation se fera sur le capital, de préférence aux intérêts? — La question ne semble devoir faire aucune difficulté, et le législateur romain n'avait pas hésité, dans l'espèce suivante, à proscrire les prétentions du fidéjusseur.

Aurélius Romulus s'était rendu adjudicataire de la ferme des impôts, moyennant une redevance annuelle que Petronius Thallus avait cautionnée. Aurelius Romulus manquant à ses engagements, ses biens furent expropriés ; mais ils étaient insuffisants pour faire face au paiement de la dette en principal et

intérêts. Le fisc fit porter d'abord l'imputation sur
les intérêts; et, le surplus étant affecté à l'extinction
d'une partie du capital, on s'adressa au fidéjusseur
pour obtenir le paiement du reliquat. Petronius
Thallus soutint que tout ce que l'on avait pu retirer
de la fortune du débiteur devait s'imputer sur le
principal, à sa décharge. Il échoua et il devait
échouer (1).

Cependant Cujas et Basnage, par une erreur
inexplicable, ont soutenu qu'il ne fallait voir là qu'une
décision tout-à-fait exceptionnelle, motivée par la
faveur accordée au fisc, et qui ne devait pas être
étendue aux autres circonstances : « Hoc singulare
est in conductione vectigalium publicorum, ut qui in
certam summam fidejussit, teneatur etiam in usuras! »
— Car, on procède à l'imputation comme si le fidéjusseur était tenu des intérêts, et il est déraison-
nable de traiter de la même façon le fidéjusseur qui
a cautionné les intérêts, et celui qui ne s'est engagé
que pour le principal.— Donc, en règle générale, en
présence d'un fidéjusseur qui n'a cautionné que le
capital, l'imputation doit d'abord se faire sur le capital.

Cujas et Basnage ont vu une exception, là où ils
auraient dû reconnaître l'application des principes
généraux que nous avons développés. L'imputation
a lieu de droit sur les intérêts, et le fidéjusseur ne
peut contraindre le créancier à se départir de ce
mode d'imputation. La fidéjussion est introduite

____

(1) L. 68, § 1, D., *De fidejussoribus.*

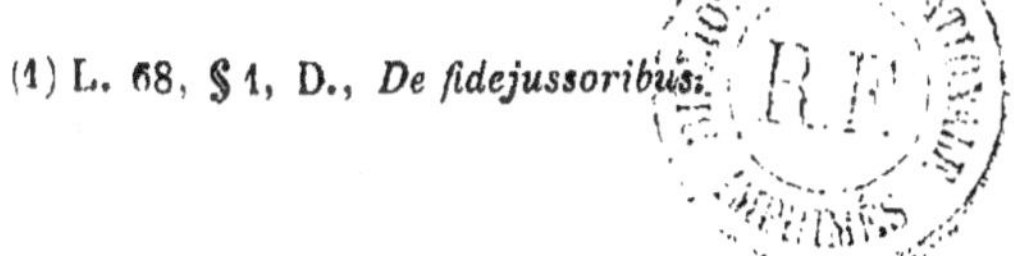

7

dans l'intérêt du créancier pour augmenter ses sû-
retés, et elle produirait effet contre |lui. En d'autres
termes, pour favoriser la caution, on ferait échec
aux principes du Droit.

Est-il vrai que le résultat de l'art. 1254, entendu
comme nous l'entendons, serait d'assimiler complètement le fidéjusseur qui a cautionné la totalité de
la dette à celui qui a cautionné le principal seulement? Dans notre espèce, si la discussion des biens
du débiteur n'avait rien produit pour le créancier, le
fidéjusseur eût dû payer le capital tout entier, mais
rien que le capital, et le créancier eût perdu ses intérêts. Eh bien! nous supposons que le fidéjusseur
ne paie qu'une portion du capital, et, dès là qu'il ne
paie que du capital, il ne fait que remplir ses engagements et ne saurait être admis à se plaindre. Si le
système de Cujas et de Basnage était exact, pourquoi les fidéjusseurs ne seraient-ils pas admis à imputer sur le principal toutes les sommes qu'antérieu-
rement à la poursuite le débiteur aurait versées au
créancier pour intérêts (1)?

9. L'article 1908 est le corollaire de l'article 1254 :
« La quittance du capital, donnée sans réserve des
intérêts, en fait présumer le paiement et en opère la
libération. »

(1) Ponsot, *Du Cautionnement*, n°ˢ. 115 et 544.

CHAPITRE II.

DES INTÉRÊTS MORATOIRES.

10. En Droit romain, le créancier d'une somme
d'argent avait droit aux intérêts de cette somme,
à compter du jour où il avait mis le débiteur en
demeure. Ces intérêts n'étaient pas plus que dans
notre Droit la représentation du préjudice causé au
créancier. La loi les fixait à forfait, et le taux auquel
elle s'arrêtait habituellement était la centésime (1).
Toutefois, dans les actions arbitraires, eu égard aux
pouvoirs spéciaux qui étaient conférés au juge, le
débiteur pouvait être condamné à réparer tout le
dommage produit par son retard (2).

Cette règle, que les intérêts sont dus *ex morâ*, n'é-
tait vraie cependant que dans les *bonœ fidei negotia* (3).
Lorsqu'il s'agissait de *judicia stricti juris*, le créancier
ne pouvait réclamer des usures au débiteur (4).

Mais, dans le cas où un délai de grâce était accordé au débiteur par le jugement ou par la loi (5),

(1) L. 19, D., *De periculo et commodo rei venditœ;* —L. 17, § 3,
ad finem, D., *De usuris.*

(2) L. 2, § 8, D., *De eo quod certo loco.*

(3) L. 32, § 2, D., *De usuris;* —Molitor, *Les obligations en Droit
romain*, t. I, p. 442, n°. 330; — Marezoll, § 110, éd. Pellat, 1840,
p. 266.

(4) L. 38, § 7, D., *De usuris;*—L. 35, D., *De verborum significatione.*

(5) L. 31, D., *De re judicata.*

le débiteur, qui laissait expirer ce délai sans remplir ses engagements, était de plein droit tenu de payer au créancier *ad usuras centesimas* (1). L'*actio ex stipulatu* était, par une sorte de novation, transformée en une *actio judicati;* et le créancier, qui n'eût pu *ex stipulatu* réclamer des intérêts, pouvait en exiger *ex natura judicati*.

L'ancien Droit, si rigoureux lorsqu'il était question d'intérêts conventionnels, toléra et admit même législativement les intérêts moratoires. L'ordonnance d'Orléans, dans son article 60, porte, en effet, que « contre les condamnés à payer certaine somme de deniers par cédule ou obligation, seront adjugés les dommages et intérêts requis pour le retardement dans le paiement, à compter du jour de l'ajournement qui leur aura été fait. »—Mais le taux de ces intérêts, qui étaient annuels, n'était pas déterminé par l'ordonnance d'une façon très-précise. Il variait suivant la qualité des créanciers et la quotité du préjudice causé par le retard du débiteur. Toutefois, la pratique des cours de justice ne tarda pas à corriger ce qu'elle regarda comme une imperfection, et, longtemps déjà avant l'édit de février 1770, « non-seulement le taux des intérêts était le même pour toute sorte de créanciers, de quelque état ou qualité qu'ils fussent ; mais même il n'y avait pas d'autre taux que

---

(1) L. 2 , C., *De usuris rei judicatæ*. — Perezius, *In Codicem*, l. vii, t. LIV, éd. 1645, p. 149 et 150, 2ᵉ. part.;—Vinnius, *Partitiones*, lib. II, cap. xl, éd. 1748, p. 214.

celui du denier vingt (cinq pour cent) dans tout le royaume (1). »

Le Code Napoléon, complété par la loi du 3 septembre 1807, n'a fait que reproduire les dispositions de l'édit de 1770. Nous lisons dans l'article 1153 : « Dans les obligations qui se bornent au paiement d'une certaine somme, les dommages et intérêts résultant du retard dans l'exécution ne consistent jamais que dans la condamnation aux intérêts fixés par la loi, sauf les règles particulières au commerce et au cautionnement. Ces dommages et intérêts sont dus, sans que le créancier soit tenu de justifier d'aucune perte. Ils ne sont dus que du jour de la demande, excepté dans les cas où la loi les fait courir de plein droit. »—Et la loi de 1807 ajoute : « L'intérêt légal sera, en matière civile de cinq pour cent, et, en matière de commerce, de six pour cent, aussi sans retenue. »

11. L'article 1153 renferme trois dispositions, et nous allons reconnaître que chacune d'elles déroge aux règles générales en matière de dommages et intérêts pour les obligations ordinaires.

12. PREMIÈRE PROPOSITION. En règle générale, article 1149, « les dommages et intérêts dus au créancier sont de la perte qu'il a faite, et du gain dont il

____

(1) Lecamus d'Houlouve, *Traité des intérêts*, 1774, p. 127.

a été privé » : *In quantum mea interfuit, id est, quantum mihi abest, quantumque lucrari potui* (1).

Au contraire, lorsque le débiteur est obligé à payer une somme d'argent, et qu'il est en retard dans l'accomplissement de ses obligations, le créancier ne peut demander d'autres dommages et intérêts que les intérêts légaux de l'argent. La loi elle-même tarife à forfait le préjudice que le créancier a pu éprouver. Il vous était dû, dit-elle, cent mille francs payables tel jour. Eh bien ! si, au jour fixé, les cent mille francs vous eussent été payés et que vous les eussiez placés, vous n'auriez pu retirer de votre argent que l'intérêt légal. Je vous le donne ; vous ne pouvez vous plaindre. Ou bien, par suite du retard de votre débiteur, avez-vous été obligé de recourir à un emprunt ? Vous avez pu trouver un capitaliste, bailleur de fonds au taux fixé par la loi, et vous pourrez lui abandonner en paiement les intérêts que vous recevrez de votre débiteur. Dans un cas comme dans l'autre, il n'y a pas de préjudice.

Dans les autres obligations, dont la variété est infinie, obligations de donner, de faire ou de ne pas faire, la fixation des dommages et intérêts *a priori* était évidemment impossible. Dans les obligations qui consistent à payer une somme d'argent, on pouvait éviter l'incertitude et l'arbitraire qui s'attachent à des évaluations souvent contestables ; et, en donnant au créancier l'intérêt légal, l'intérêt le plus élevé

---

(1) L. 13, Pr. D., *Ratam rem haberi.*

que tout honnête homme puisse retirer de son argent,
on le mettait à l'abri de toute perte sans que le débiteur éprouvât un préjudice.

13. La loi réserve, toutefois, les règles particulières
au commerce et au cautionnement.

La caution qui a payé a son recours contre le débiteur principal, tant pour le capital que pour les
intérêts et les frais, et aussi pour les dommages et
intérêts, s'il y a lieu (1).

L'art. 178 C. Com. prévoit, en matière commerciale, une hypothèse voisine : « Celui sur qui une
lettre de change est tirée refuse de la payer au jour
de l'échéance. Le propriétaire de la lettre, qui l'a fait
protester, peut, par forme de dommages et intérêts
du retard qu'il a souffert, exiger du tireur et des en-
dosseurs le rechange, quand même il excèderait
l'intérêt de l'argent. — On appelle rechange le profit
qu'il a payé à des banquiers sur le lieu, afin d'avoir
de l'argent pour des lettres de change, à la place de
celui qu'il devait recevoir sur le lieu (2). »

A ces deux exceptions prévues par l'art. 1153,
nous en ajouterons une troisième, écrite dans
l'art. 1846, C. N.: « L'associé qui devait apporter une
somme dans la société et qui ne l'a point fait, ou
qui a pris pour son profit particulier une somme dans
la caisse sociale, en doit les intérêts, sans préju-

---

(1) Art. 2028, C. N.
(2) Pothier, *Traité des obligations*, n°. 171.

dice de plus amples dommages et intérêts, s'il y a lieu. »

14. Mais, en l'absence de textes, peut-on admettre d'autres exceptions que celles que nous venons d'indiquer? Par exemple, le débiteur s'est obligé à supporter le poids de tous les dommages que le créancier pourrait souffrir par suite d'une saisie ou d'une expropriation forcée, qu'un de ses créanciers personnels dirigerait contre lui, et qu'il ne pourrait arrêter par suite du retard mis par son débiteur à lui apporter l'argent. Ou bien, le créancier voulait exercer un réméré à l'échéance du terme, et le défaut de paiement par le débiteur a mis obstacle à l'exercice de ce droit. Le créancier avait eu soin de stipuler à l'avance que le débiteur devrait l'indemniser du préjudice qu'il éprouverait par suite de cette forclusion. — Ces stipulations sont-elles valables? — C'est une question très-controversée.

Quelques-uns l'ont résolue affirmativement, et c'est le plus grand nombre (1), s'appuyant sur ce que le débiteur a connu l'événement dont il a garanti les suites; et il est en faute de ne pas les avoir prévenues en payant au terme fixé par le contrat.

M. Duranton, tout en acceptant ce motif, le fait suivre immédiatement par des considérations qui

____

(1) Toullier, t. VI, n°. 267 ; — Duranton, t. X, n°. 488 ; — Larombière, *Théorie et pratique des obligations*, t. Ier., p. 579, art. 1153, n°. 18.

semblent de nature à proscrire l'opinion qu'il adopte.
Il faut en effet reconnaître, avec Vinnius, que presque
toujours les stipulations qui nous occupent seront des
stipulations usuraires : « Monendi sumus, stipulatio-
nem pœnalem, adjectam obligationi quantitatis, præ-
sumi in fraudem usurarum factam, atque improbari
quatenus pœna legitimum usurarum modum excedit. »

Aussi la loi romaine repoussait-elle toujours ces
conventions comme illicites : « Pœnam pro usuris
stipulari nemo suprà modum usurarum licitum potest (1). » — Et, sous notre ancien Droit, Mabillon
nous a conservé un exemple d'une pareille stipulation, qui évidemment devait être frappée de nullité.
Pendant la période mérovingienne, un débiteur, rece-
vant une somme d'argent, s'était engagé à la remettre
à l'époque fixée par le contrat, promettant de la rendre
au double en cas de retard (2)! — Pothier enseignait
la même théorie. Sans doute, l'éminent jurisconsulte,
qui se plaisait trop souvent à mettre en opposition
le for extérieur et le for intérieur, enseigne que, dans
le for intérieur, le débiteur doit plus que les intérêts,
si le dommage que le retard a causé au créancier
est plus grand que ces intérêts (3). Mais, dans le for
extérieur, « comme les différents dommages et
intérêts, qui peuvent résulter du retard de l'accomplissement de l'obligation qui consiste à donner une

____

(1) L. 44, D., *De usuris;* — Cf. l. 9, Pr. D., *De usuris;* — L. 15 et 16,
C., *De usuris;* — L. 13, § 26, D., *De actionibus empti et venditi.*

(2) Mabillon, formule 59.

(3) Pothier, *Traité des obligations,* n°. 172.

certaine somme d'argent, varient à l'infini, et qu'il est aussi difficile de les prévoir que de les justifier, il a été nécessaire de les régler comme par une espèce de forfait à quelque chose de fixe. C'est ce qu'on a fait en les fixant aux intérêts de la somme due, au taux de l'ordonnance (1). »

Aujourd'hui, que dit l'article 1153? « Dans les obligations qui se bornent au paiement d'une certaine somme, les dommages et intérêts ne consistent jamais que dans la condamnation aux intérêts fixés par la loi... » Jamais; si ce n'est dans les cas limitativement exceptés par la loi. Or, ces exceptions, nous les avons indiquées, et, dans toutes les autres circonstances, l'article 1153 doit être la règle.

C'est qu'en effet si l'on acceptait la solution proposée par M. Toullier, on donnerait passage à de nombreux procès, et les créanciers pourraient à leur gré exploiter de malheureux débiteurs. Au moment d'un emprunt, l'on se fait souvent illusion sur l'avenir; on espère pouvoir facilement remplir ses engagements et on accepte les lois, même les plus onéreuses, dans la pensée que l'on pourra s'y soustraire. Sans doute, le débiteur peut échapper à la rigueur de la condamnation en désintéressant le créancier ; mais il n'a pas toujours les moyens de le faire. La loi protége l'emprunteur contre ses propres entraînements, et elle ne favorise pas les créanciers qui pourraient aller jusqu'à stipuler des intérêts de cinq

(1) Pothier, *Traité des obligations*, n°. 170.

pour cent par chaque mois de retard. C'est là ce que la loi n'a pas voulu, et ce qui explique la formule si concise de l'article 1153 (1).

15. Seconde proposition. Dans les obligations, en général, le créancier n'a droit à des dommages et intérêts en cas d'inexécution qu'autant qu'il justifie qu'un préjudice lui a été causé, et c'est sur lui qu'incombe le fardeau de la preuve.

Ici, au contraire, le créancier n'a aucune preuve à faire. Le débiteur n'a pas payé à l'échéance, il a été mis en demeure : par cela seul, il doit les intérêts au taux légal. C'est que, dans ce cas, la preuve que le défaut de paiement d'une somme d'argent a été dommageable au créancier eût été fort difficile. Par cela même que vous, mon débiteur, vous ne m'avez pas payé , je n'ai pu placer mon argent et en retirer des intérêts. Vous me devez donc la réparation du préjudice que ce retard m'a causé.

16. Troisième proposition. En général, pour constituer le débiteur en demeure, il suffit d'une simple sommation extrà-judiciaire ou de tout autre acte équivalent, établissant que le créancier a demandé l'exécution de la convention. Ici, la loi exige une démonstration beaucoup plus énergique. Les intérêts ne sont dus que du jour de la demande, excepté dans les cas où la loi les fait courir de plein droit.

____

(1) Delvincourt, t, II, notes, p. 533.—Duvergier, t. VI, n°ˢ. 284 et 285.—MM. Aubry et Rau posent la question sans la résoudre.

Et la demande dont parle l'article 1153 n'est pas la demande du capital seulement ; c'est la demande des intérêts. L'article 60 de l'ordonnance d'Orléans portait : « Seront adjugés les dommages et intérêts requis pour le retardement... » Car, « comme des juges ne peuvent condamner quelqu'un à payer des sommes qui ne lui ont pas été demandées, ils peuvent encore moins adjuger des intérêts qui n'ont pas été requis (1). »

La même solution doit être acceptée aujourd'hui, malgré les contradictions dont elle a été l'objet. « Le législateur ne dit pas : du jour de la demande du principal ; il dit simplement : du jour de la demande ; et, comme il ne parle que des intérêts, ce n'est qu'aux intérêts qu'on peut rapporter ces expressions (2). » — L'article 1207 fortifie encore cette opinion : « La demande d'intérêts, formée contre l'un des débiteurs solidaires, fait courir les intérêts à l'égard de tous. »

17. Mais suffirait-il d'une demande formée devant un tribunal incompétent ?

L'affirmative compte de nombreux partisans. [On argumente en ce sens de l'article 57, Cod. pr. civ., qui met sur la même ligne la demande d'intérêts et l'interruption de prescription. Or, aux termes de l'article 2246, Cod. Nap., la citation en justice, donnée même devant un juge incompétent, suffit pour interrompre la prescription : donc, elle doit aussi faire

____

(1) Lecamus d'Houlouve, *Traité des intérêts*, p. 146.
(2) Merlin, *Répertoire*, v°. Intérêts, § 4, n°. 16 ; 4ᵉ. éd., t. VI, p. 459.

courir les intérêts. Il y a d'ailleurs parité de motifs. L'action, quoique mal engagée, est un avertissement donné au débiteur et prouve les diligences du créancier.

La négative me paraît plus sûre. On argumente *a pari* de l'article 2246, mais il me semble que l'on devrait plutôt en tirer un argument *a contrario*. Le jugement d'incompétence annulant tous les actes qui l'ont précédé et forçant le demandeur à renouveler son action devant la juridiction compétente, la première demande est réputée non avenue et sans effet. Si la loi a expressément déclaré que, nonobstant ce principe, elle interromprait la prescription, nous ne trouvons rien de pareil pour les intérêts et nous ne pouvons étendre la solution d'un cas à l'autre.

On comprend d'ailleurs aisément que la loi ait distingué entre les deux situations : dans la prescription, il s'agit de conserver un droit ; dans notre hypothèse, il s'agit d'acquérir ; et la loi s'est toujours montrée plus favorable pour celui *qui certat de damno vitando* que pour celui *qui certat de lucro captando* (1).

Toutefois, dans le cas où une simple mise en demeure suffit, les tribunaux pourraient décider que la demande, formée même devant un juge incompétent, équivaut à une sommation de payer, et adjuger les intérêts au créancier.

18. L'art. 1153 nous avertit qu'à cette règle, que les intérêts ne courent qu'en vertu d'une demande,

---

(1) Larombière, *Théorie et pratique des obligations*, art. 1153, n°. 26.

le législateur a cru devoir apporter un certain nombre
d'exceptions. Dans plusieurs cas, en effet, les intérêts
courent de plein droit. Ces hypothèses seront l'objet
du chapitre suivant.

Dans d'autres circonstances, une simple sommation
suffit ; telle est la disposition de l'art. 474, en ce qui
concerne le tuteur : « La loi n'a pas voulu l'obliger
à former contre son ancien pupille une demande en
justice ; et, par suite de leurs relations précédentes,
elle s'est contentée d'une simple sommation, tenant
peut-être compte aussi de la créance du tuteur, qui
proviendra souvent, dans ce cas, d'avances volontairement faites par lui dans l'intérêt du mineur (1). »

CHAPITRE III.

DES INTÉRÊTS LÉGAUX.

19. Nous venons de voir que, dans certains cas,
la loi fait courir les intérêts de plein droit, et indépendamment de toute demande judiciaire. Nous
citerons notamment les articles 455, 456, 474, 1440,
1473, 1548, 1570, 1652, 1846, 1996, 2001 et 2028
du Code Napoléon, et l'art. 55 de la loi du 3 mai 1841,
sur l'expropriation pour cause d'utilité publique. On
a même voulu faire rentrer dans cette énumération
l'art. 1936, C. Nap. — Nous ne voulons pas nous

(1) M. Demolombe, *Cours de Code Napoléon*, t. VIII, n°. 134 ; 1re.
édit., p. 122.

arrêter à l'examen de chacune de ces dispositions ; nous nous bornerons à étudier celles qui soulèvent le plus de difficultés. Nous examinerons donc, dans les cinq sections qui vont suivre, le but, la nature et la portée des dérogations à l'art. 1153, que l'on reconnaît ou que l'on croit reconnaître :

1°. En matière de dot ;

2°. En matière de vente ;

3°. En matière de société ;

4°. En matière de dépôt ;

5°. En matière de mandat.

SECTION Iʳᵉ.

DES INTÉRÊTS DE LA DOT.

20. Nous étudierons successivement ce qui est relatif : 1°. à la constitution de dot ; 2°. aux récompenses dues par la communauté aux époux, ou par les époux à la communauté, ou par les époux l'un à l'autre ; 3°. à la restitution de la dot.

§ 1ᵉʳ.

Constitution de dot.

21. L'art. 1548 est ainsi conçu : « Les intérêts de la dot courent de plein droit du jour du mariage, contre ceux qui l'ont promise, encore qu'il y ait terme pour le paiement, s'il n'y a stipulation contraire. »

Cette disposition, que nous rencontrons dans le

chapitre du régime dotal, avait été déjà formulée dans l'art. 1440 pour le régime en communauté. « Ses intérêts (les intérêts de la dot) courent du jour du mariage, encore qu'il y ait terme pour le paiement, s'il n'y a stipulation contraire. »

Que le législateur fasse courir de plein droit les intérêts de la dot, à compter du jour du mariage (1); rien de mieux assurément ; et cette disposition, qui n'est que la conséquence des principes écrits dans la loi romaine (2), est facile à justifier : *Dos est quod mulier marito affert ad onera matrimonii ferenda*, disaient les glossateurs. Le mari, pour remplir les obligations qu'il contracte, et pour faire face aux charges de la famille nouvelle dont il va être le chef, a compté sur le bien qu'on lui avait annoncé, et qui devait lui être remis lors de la célébration du mariage. Si le constituant manque à sa promesse, s'il diffère l'exécution de ses engagements, la loi, sans qu'il soit besoin de le mettre en demeure, l'oblige à payer des intérêts, et, se fondant sur l'intention présumée et vraisemblable des parties, elle déroge aux règles générales posées par l'art. 1153.

(1) Il s'agit ici, bien entendu, du mariage devant l'officier de l'État civil, et non du contrat de mariage. C'est, en effet, du jour du mariage seulement que commencent les charges du mari. — Nous nous serions abstenu de faire cette remarque, qui nous paraît d'évidence, si certains auteurs, en mémoire sans doute de la controverse qui s'est élevée sur les mêmes expressions dans l'art. 2135, n'avaient pris la peine d'établir scientifiquement cette proposition, que nous nous bornons à rappeler ici comme un axiôme incontestable.

(2) L. 7, D., *De jure dotium.*

22. Mais la loi ne s'est pas arrêtée là , et nous allons nous trouver en face d'une exception beaucoup plus notable aux principes fondamentaux du Droit : les intérêts courent *ipso jure,* encore qu'il y ait terme pour le paiement.

L'ancien Droit avait déjà soulevé la question que nos législateurs ont ainsi tranchée. Mais elle avait été l'objet de nombreuses controverses , et les jurisconsultes les plus autorisés étaient loin de s'accorder sur la solution qu'elle devait recevoir. —On invoquait d'une part la maxime : Qui a terme ne doit rien, un de ces vieux brocards du Palais , dont parle Platon , frappés dans l'or pur de la raison et du droit commun, et qui cependant puisent souvent plus de force dans leur antique concision que dans l'exactitude philosophique, qui parfois , comme dans l'espèce , leur fait un peu défaut. — D'autre part, on disait que les intérêts de la dot doivent être comparés à des aliments et que la famille ne peut s'en passer impunément : « Toute dot doit produire naturellement et nécessairement des fruits (1). »

Les rédacteurs du Code Napoléon se sont prononcés dans ce dernier sens , le plus favorable, mais aussi peut-être le moins juridique ; et , s'il fallait chercher la raison de leur décision , je ne sais si l'on pourrait véritablement la trouver ailleurs que dans cet autre brocard que nous a légué le Droit romain : *In ambiguis, pro dote respondere melius est* (2).

(1) Lecamus d'Houlouve, *Des intéréts,* p. 20.
(2) L. 85, D., *De reg. juris.*

Quoi qu'il en soit, cette disposition des art. 1548 et 1440 n'a pas, comme on pourrait le croire, mis fin à toutes les difficultés, et aujourd'hui encore on se trouve en présence des deux partis qui existaient autrefois : ceux qui favorisent la dot de tout leur pouvoir, et ceux qui cherchent à restreindre loyalement, et dans de sages limites, une décision qui leur paraît contraire à la vérité des principes.

C'est principalement sur l'étendue à donner aux dernières expressions de nos articles : « s'il n'y a stipulation contraire », que le conflit existe. Faut-il une stipulation expresse? Ne suffirait-il pas d'une dispense d'intérêts tacite, résultant des faits et des circonstances? — Parcourons quelques espèces.

23. C'est, par exemple, un oncle qui veut faire une donation à sa nièce au moment de son mariage, et qui lui constitue en dot une somme de cinquante mille francs exigibles seulement à son décès. On a gardé le silence sur les intérêts. L'oncle devra-t-il les payer dans l'intervalle qui s'écoulera entre le mariage et sa mort?

On s'accorde généralement à le reconnaître, et il semble bien en effet qu'on soit dans les termes de la loi. Les intérêts courent, s'il n'y a stipulation contraire, lors même qu'il y aurait terme pour le paiement. Eh bien! dans l'espèce, il y a terme; terme, il est vrai, dont on ne saurait fixer la durée; mais « la longueur du terme n'implique pas suffisamment la pensée, chez le donateur, de laisser le fardeau tout entier à ses héritiers (1). » — De plus, on n'a rien dit dans l'acte ; on s'est abstenu de faire cette stipulation contraire dont parle la loi.

Et, cependant, en présence d'une donation pareille, la première impression n'est-elle pas, en ce sens, que si le donateur a préféré les époux à ses héritiers, il s'est lui-même préféré aux époux, et qu'il a entendu ne pas se dépouiller de son vivant ?

Mais poussons plus loin l'analyse juridique, et examinons attentivement les deux faces qu'une donation de cette nature peut revêtir. De deux choses l'une : Je peux avoir dit : je donne au futur conjoint une somme de cinquante mille francs, dont il ne pourra exiger le paiement qu'à l'époque de mon décès. — Je peux aussi avoir dit : je lui donne cinquante mille francs à prendre sur les biens que je laisserai dans ma succession.

Dans le dernier cas, je ne crois pas que l'on puisse sérieusement soutenir que le mari serait en droit d'exiger des intérêts. C'est là purement et simplement une donation de biens à venir, qui serait nulle partout ailleurs que dans un contrat de mariage (2).

(1) Bonnet, *Revue critique,* t. XVI, p. 437.

(2) Suivant certains auteurs, elle serait nulle, même dans un contrat de mariage. M. Duranton (t. IX, n°. 676) et M. Demolombe (*Cours oral,* sur l'art. 1082) enseignent, en effet, que l'institution contractuelle ne peut comprendre que l'universalité ou une quote-part de l'universalité des biens du donateur. — Je préfère, pour ma part, l'opinion généralement reçue, qui veut que l'institution contractuelle puisse comprendre même un objet particulier. Les expressions de la loi : tout ou partie. sont assez larges pour s'appliquer à ce genre de libéralité. Si,

Elle ne saisit pas actuellement et irrévocablement le donataire, elle lui confère seulement une expectative pour le cas où il survivrait au donateur. Son droit n'existera réellement et véritablement que lors du décès de celui-ci, et les intérêts ne doivent naturellement commencer à courir en faveur des conjoints que lorsque leur droit est acquis et certain.

Si nous nous plaçons dans la première hypothèse, lorsque le donateur a dit que l'on ne pourrait exiger le paiement qu'à l'époque de son décès, il me semble que nous sommes en présence d'une stipulation tacite renfermant une dispense d'intérêts. Le donateur doit être réputé avoir dit aux époux : Je vous avantage dès maintenant et irrévocablement ; mais vous ne pourrez rien exiger de mon vivant : vous pourrez seulement vous adresser à mes héritiers et leur réclamer les cinquante mille francs que je vous donne. Pour moi, j'entends rester à l'abri de vos poursuites et conserver, sinon la propriété, au moins la jouissance de ces cinquante mille francs.

au premier abord, on est tenté d'entendre autrement l'art. 1082, « c'est, dit M. Colmet de Santerre, en se laissant influencer par l'expression : institution contractuelle, qui, en effet, réveille l'idée d'une libéralité à titre universel. Mais on ne doit pas chercher le sens de la loi dans des dénominations que le législateur a précisément évitées, et, par conséquent, on doit entendre les mots : tout ou partie, dans l'art. 1082, comme on les entend dans les art. 895, 1048 et 1049 (t. IV, p. 487). » — V. aussi Troplong, n°. 2364 ; Marcadé, sur l'art. 1182, 1°. ; Mourlon, t. II, p. 436, 4e. édit. ; Bonnet, *Revue critique*, t. XVI, p. 414. — La Cour de cassation a supposé la question résolue en ce sens le 1er. mars 1821 (Sirey , 21. 1. 234). — V. encore Anouilh, *De l'institution contractuelle. Revue historique*, 1860, p. 413.

Eh bien ! soit, dit-on ; les intérêts ne courront pas contre vous, mais ils courront contre vos héritiers ; et, lors de votre décès, quand le principal sera devenu exigible, nous pourrons réclamer d'eux, comme disait la loi romaine, *sortem et usuras,* le capital d'abord, plus les intérêts depuis le jour du mariage jusqu'au jour du paiement.

On aurait déjà à se demander s'il ne faudrait pas, au moins, dans tous les cas, limiter cette prétention par la disposition de l'article 2277, Cod. Nap. Je ne m'explique pas encore sur ce point ; j'y reviendrai plus tard. Mais je suppose même que les époux ont fait des actes conservatoires pour protéger leur droit ; qu'à l'expiration de chaque période de cinq années, ils ont interrompu une prescription qui court, je ne saurais trop dire au profit de qui, et qu'ils viennent maintenant réclamer vingt, trente, quarante années d'intérêt. — Croyez-vous qu'en leur accordant un pareil droit, vous tiendrez compte de l'intention probable du donateur qui leur a donné cinquante mille francs et dont les héritiers auront à payer cent mille francs, beaucoup plus peut-être, au point d'absorber par cette agglomération d'intérêts la fortune entière du donateur ?

Toute cette matière des donations à terme est difficile. Bien loin d'être d'accord sur les effets de pareilles libéralités, les jurisconsultes les plus recommandables discutent encore sur la validité ou la non-validité des clauses de ce genre ; et, si, récemment, cette théorie s'est un peu élucidée sous la plume d'un savant magistrat, M. le conseiller Bonnet, il reste encore beaucoup à faire pour l'éclaircir complètement. Ce n'est donc qu'avec une certaine hésitation, en présence surtout des tendances non pas seulement générales, mais universelles de la doctrine, que je m'arrête au sentiment que je viens de présenter. Mais je suis frappé en ce sens que le renvoi fait par le donateur de l'exigibilité de la donation au jour de son décès implique à lui seul, et sauf la preuve contraire que l'on pourrait déduire des circonstances, une dispense tacite d'intérêts, satisfaisant au vœu des expressions finales de nos articles.

24. Que faudrait-il décider dans le cas où la constitution de dot serait d'une créance qui ne produit pas d'intérêts ? Je suis créancier sur Primus d'une somme de cent mille francs, remboursables sans intérêts dans cinq ans de ce jour. Un de mes parents étant sur le point de se marier, je lui constitue en dot cette créance. Les époux pourront-ils exiger des intérêts ?

Dans l'ancien Droit, on le décidait ainsi (1) ; et, dans le Droit moderne, c'est encore l'opinion de M. Toullier (2) qui toutefois affirme plutôt qu'il ne discute.

J'admettrais volontiers cette doctrine, si la constitution de dot était ainsi faite : Je vous constitue en dot cent mille francs, et, pour vous remplir de cette

(1) Lecamus d'Houlouve, *Traité des intérêts,* p. 20.
(2) T. XIV, n°. 97.

somme, je vous cède une créance de cent mille francs
que j'ai sur un tiers.

Mais, si c'est la créance elle-même qui a fait l'objet
de la constitution dotale, je ne saurais concéder
que des intérêts puissent être dus. Ce que j'ai constitué en dot, c'est la créance elle-même, telle que je
l'avais. Improductive dans mes mains, elle restera
improductive dans les mains des époux. On a dit avec
raison qu'il en est de ce cas comme de celui où le
mari accepterait en dot une terre stérile (1) ; il n'a pu
compter sur les produits pour subvenir aux charges
du ménage. Je ne me suis pas constitué, vis-à-vis des
époux, débiteur personnel d'une somme d'argent. Je
n'ai contracté d'autre obligation que celle de leur
garantir l'existence de la créance, de leur en remettre
les titres, et de les subroger au droit, que j'avais en
ma personne, d'en obtenir le paiement. Par la remise
des grosses, par l'abandon des droits que je pouvais
exercer contre les débiteurs des créances données en
dot, moi constituant, je me suis libéré de mon obligation, et dès lors on ne peut exiger de moi des intérêts.

C'est en ce sens que la doctrine se formule aujour-
d'hui (2), et ici, suivant moi, elle est dans la vérité.
La solution contraire amènerait, M. Toullier lui-même
le confesse, *une injustice palpable au préjudice de la
femme,* ou du constituant, quel qu'il soit.

---

(1) M. Odier, n°. 1154.

(2) Duvergier, sur Toullier, *loc. cit.* — Delvincourt, t. III, notes,
p. 103. — Duranton, t. XV, p. 458. — Troplong, n°. 1255. — Aubry et
Rau, sur Zachariæ, t. IV, p. 196, § 500.

Et que l'on ne s'étonne pas de la distinction que je fais entre le cas où la créance improductive d'intérêts a fait l'objet direct et principal de la constitution dotale, et celui où l'on s'est borné, même dans le contrat de mariage, à indiquer cette créance, comme devant servir au paiement d'une dot promise en argent. Dans ce dernier cas, en effet, le constituant s'est personnellement obligé au paiement d'une somme, et les articles 1440 et 1548 retrouvent leur application. Ce qui engendre des intérêts, c'est l'obligation personnelle.

Les Romains, d'ailleurs, nous avaient donné dans une matière voisine de la nôtre l'exemple d'une pareille distinction. Je veux parler des dispositions relatives à la garantie que le mari, évincé d'une chose donnée en dot, pouvait exercer contre le constituant. — Pour savoir si le mari évincé avait le droit d'agir contre la personne qui avait constitué la dot, il fallait distinguer, malgré la généralité apparente des expressions de la loi 34, D., *De jure dotium.* — Si une chose avait été livrée au mari, sans promesse antérieure, *sine ullâ pollicitatione, vel promissione,* et aussi sans estimation, *sine æstimatione,* le constituant, qui n'avait contracté aucune obligation personnelle, ni par diction, ni par stipulation, ni par estimation (l'estimation valait vente au mari, s'il n'y avait convention contraire), n'était pas tenu d'indemniser le mari évincé, à moins qu'il n'y eût eu dol de sa part. — Si, au contraire, on avait procédé par voie de diction ou de stipulation, ou même si, en l'absence de ces deux modes, la chose avait été remise avec estimation, sans déclaration que l'estimation n'en valait pas vente au mari, dans ce cas, celui-ci pouvait agir en garantie contre le constituant qui avait contracté une obligation personnelle : celle de transférer la propriété au mari, et qui n'avait pas exécuté cette obligation.

Cette distinction, qui, comme on le voit, est complètement identique à celle que nous avons présentée, résulte d'un rescrit de Sévère et de Caracalla qui est devenu la loi 1, C., *De jure dotium* ; et, comme elle repose sur une analyse très-exacte des deux opérations différentes en présence desquelles nous nous sommes placé, elle doit recevoir son application dans notre Droit.

25. Nous pouvons supposer maintenant que la constitution de dot comprend, non plus des sommes d'argent, ni des créances, mais des immeubles ou même des choses qui ne sont pas susceptibles de produire de fruits, comme des meubles, des bijoux, des vêtements; nos articles devront-ils recevoir leur application?

On répond généralement (1), pour les immeubles, par l'affirmative; par la négative pour les objets non frugifères, mais en ajoutant pour ces derniers que si le donateur, par le retard qu'il met à en opérer la délivrance, causait un préjudice aux époux, ceux-ci pourraient en obtenir la réparation en demandant

---

(1) Duvergier, sur Toullier, t. XIV. — Aubry et Rau, sur Zachariæ, t. IV, § 500.—Odier, n°. 1150.—Troplong, n°. 1256.

aux tribunaux des dommages et intérêts qui seraient fixés par le juge, *ex æquo et bono.*

J'accepte très-volontiers cette décision en ce qui concerne les choses improductives de fruits, et je me borne à faire remarquer que la loi 34, § 2, C., *De jure dotium,* fortifie cette interprétation en déclarant que ces choses ne produiront intérêt qu'autant qu'elles auront été estimées. C'est toujours une conséquence de ce principe que, l'estimation valant vente, nous sommes en présence d'une obligation personnelle qui tombe sous le coup des dispositions de la loi et qui doit produire des intérêts.

Mais, quant aux immeubles, je ne souscrirais pas de tous points à la doctrine qui est généralement enseignée, et, ici encore, je proposerais une distinction.

Oui, lorsque le constituant s'est obligé purement et simplement à remettre aux époux un immeuble, et qu'il laisse le mariage s'accomplir sans exécuter son engagement, lorsqu'il diffère la réalisation de son obligation, il sera tenu de réparer le tort que sa morosité et sa négligence auront causé aux époux, et il devra leur payer des dommages et intérêts qui seront le plus habituellement la représentation des fruits que l'immeuble aura produits. —Je dis *le plus habituellement.* Je ne crois pas, en effet, que les dommages et intérêts doivent être nécessairement l'équivalent des fruits perçus par le débiteur en retard. Nous sommes ici dans une matière laissée à l'appréciation des tribunaux, qui pourront tenir compte des faits et des circonstances. Il se peut en effet que, grâce aux soins intelligents que l'immeuble aura reçus du débiteur morosif, agriculteur actif et laborieux, le champ ait produit beaucoup plus qu'il n'eût fait dans les mains de l'époux, laboureur paresseux et négligent. On pourrait aussi renverser l'hypothèse, rencontrer le zèle chez l'époux, l'incurie chez le constituant. Dans le premier cas, le jeune ménage réaliserait un bénéfice sur lequel il n'a pas dû compter, si on lui adjugeait tous les fruits produits par l'immeuble. Dans le second cas, il éprouverait une perte si on le forçait à se contenter d'une valeur représentant des récoltes peu abondantes ou mal recueillies. C'est au juge à apprécier souverainement l'étendue du préjudice causé aux époux par le retard du constituant, et à leur en octroyer la réparation.

Mais on peut supposer, et j'arrive ici au second terme de ma distinction, que le donateur s'est réservé un délai pour la délivrance de l'immeuble ; et l'on dit qu'il devra remettre aux époux, dans l'intervalle du mariage à l'échéance du terme, les fruits qui auront été produits par l'immeuble ! C'est là, à mon sens, exagérer singulièrement la portée de nos articles. N'oublions pas, en effet, que nous sommes toujours en présence des articles 1440 et 1548, qui ne parlent que d'intérêts et que, dès lors, ces questions, qui semblent nous éloigner de notre sujet, sont cependant encore de notre domaine, puisqu'il s'agit seulement de savoir si, dans l'expression intérêts, on doit aussi comprendre les fruits.

Eh bien ! à mon sens, c'est la solution contraire qui

devrait prévaloir, car nous ne sommes ni dans le texte, ni dans les motifs du texte.

Nous ne sommes pas dans le texte, et , comme les articles 1440 et 1548 sont une dérogation aux règles du droit commun, nous ne devons pas chercher à les étendre. L'attention du législateur s'est portée uniquement sur les sommes d'argent promises par un constituant. *Les intérêts...* quand il s'agit d'un immeuble, on dit *les fruits... courent de plein droit...* Jamais, si ce n'est dans l'article 1570, on n'a dit que les fruits courent de plein droit ; et, si, dans l'article 1570, on rencontre cette locution exceptionnelle, c'est qu'elle est caractéristique de l'idée essentielle qui préside à l'acquisition des fruits par le mari, et à la distribution qui s'en fait à la dissolution du mariage entre le mari et la femme ou leurs héritiers. La règle, c'est qu'alors tous les fruits, quels qu'ils soient, sont civilisés, comme on le dit, et c'est là ce que le législateur a voulu énergiquement manifester..... Encore qu'il y ait terme pour le *paiement*..... pour les immeubles, il n'y a pas *paiement ;* il y a *délivrance.* Aucun des termes employés par l'article ne s'applique donc aux fruits.

On cherche ailleurs un argument et on va le puiser dans le discours du tribun Duveyrier : « En général, les intérêts d'une somme due à terme ne sont légitimes que par le retard du paiement. Mais la dot, sous quelque rapport qu'elle soit constituée, est inhérente au mariage pour lequel elle est promise et payée. Il est de la nature de cet engagement que ses droits naissent et que ses fruits commencent avec la cause qui le produit (1). »

Si l'on cherchait à analyser rigoureusement chacune des expressions du tribun, on aurait peut-être certaine difficulté à leur trouver un sens logique et rationnel. La clarté n'est même pas ce que l'on a le plus à louer dans le passage que je viens de transcrire. Et cependant n'est-il pas facile de voir que l'attention de l'orateur au tribunat ne s'est portée que sur une dot constituée en argent ? « Les intérêts d'une somme due à terme... paiement... payée... » mots qui révèlent la préoccupation de M. Duveyrier, et qui ôtent toute importance à l'expression générique « fruits » par laquelle le tribun résumait sa pensée.

Mais, en admettant même qu'on puisse, sans les détourner de leur véritable sens, s'emparer de ces quelques lignes pour s'en faire une arme contre nous, il faut reconnaître que des explications, bien vagues sans contredit, fournies par un de ceux qui n'ont fait que discuter la loi, sans avoir à la préparer ni à la voter, ne sauraient prévaloir à l'encontre du texte et des motifs du texte.

Car, on ne saurait invoquer davantage les raisons qui ont pu déterminer le législateur à édicter les articles 1548 et 1440. J'ai déjà eu l'occasion, en parlant des constitutions de sommes exigibles au décès du donateur, de m'expliquer sur la portée et l'étendue à donner à ces expressions de notre article : « sauf

---

(1) Locré, *Législation civile*, t. XIII, p. 381.

stipulation contraire », et j'ai dit qu'à mon avis, du moins, l'on ne devait pas exiger une stipulation formelle et expresse ; que la dispense de payer des intérêts pouvait facilement s'induire des circonstances et de la volonté présumée du donateur. Or, quelle est ici la présomption de volonté ?

Sans doute, quand il s'agit de capitaux, on peut facilement supposer que le donateur ne les a pas à sa disposition ; qu'il veut, en se réservant un terme, prendre un délai pour les réaliser suivant ses convenances et son plus grand avantage ; que, peut-être déjà réalisés, il les a employés à un placement fructueux qui les retiendra quelque temps encore ; et on oblige le constituant à tenir compte aux époux d'une somme que la loi a déterminée à forfait, dans l'impossibilité où elle était de préciser quel serait le produit que les époux eussent pu retirer de la dot, si elle leur avait été immédiatement délivrée. — Mais, ici, le donateur était en possession de son immeuble : il pouvait le remettre incontinent aux époux ; ou bien, s'il en jouissait par l'intermédiaire d'un fermier, il pouvait subroger les époux à tous ses droits contre le fermier.—Il ne l'a pas fait. Il a eu, sans doute, ses raisons. Il voulait, peut-être, en réservant pour lui toutes les peines et toutes les fatigues de la culture, ne transmettre à ceux qu'il dotait que le produit net et clair de ses labeurs ; ou, s'il avait loué son immeuble, il tenait à traiter lui-même avec les fermiers, à surveiller de près ou de loin leur exploitation, à percevoir lui-même l'argent de leurs fermages, pour ensuite le transmettre aux époux : dans les deux cas, gardant pour lui ce qui peut être pénible, et ne laissant au mariage que le soin d'encaisser les sommes que, de temps à autre, il irait lui verser ! — Ce serait, j'en conviens volontiers, le comble du désintéressement, et le donateur se montrerait aussi généreux que possible. Mais n'est-il pas plus exact de penser que le constituant a entendu garder les produits de l'immeuble, comme compensation des soins qu'il aurait à prendre pour la conservation et le bon entretien du fonds ?

Ma conclusion serait donc que, dans ce cas, les fruits ne seraient pas dus par lui ; d'autant plus que, s'il est facile de déterminer le chiffre des intérêts produits par une somme d'argent, il est souvent plus délicat d'indiquer exactement le *quantum* des fruits produits par un immeuble, alors surtout que le donateur le cultive lui-même.

De tout ce qui précède, je ne prétends pas induire que jamais les fruits ne seront dus par le constituant qui aura donné un immeuble en se réservant un terme pour la délivrance. Ce que je soutiens seulement, c'est que les présomptions doivent être, jusqu'à preuve contraire, en ce sens que le donateur a dû se les réserver, et que les époux n'ont pas pu compter sur eux pour faire face aux besoins du ménage. Ce sera aux tribunaux à apprécier si, en fait, les contractants n'ont pas entendu déroger à cette règle.

26. Nous avons déjà plusieurs fois répété que les

intérêts de la dot sont dus par le constituant, afin de donner au mari les moyens de subvenir à l'entretien de la femme et de faire face aux charges de la famille. Mais on peut supposer que le donateur, dans l'intervalle du mariage au paiement de la dot, a fourni aux époux le logement, l'entretien et la nourriture. Ceux-ci seront-ils encore fondés à réclamer des intérêts ?

La loi 69, § 3, D., *De jure dotium*, leur refusait ce droit : *Promissas usuras vir improbe petit*, et on repoussait leur demande par une exception de dol (1). L'ancien Droit admit cette règle, et telle est encore, sous notre Droit, l'opinion de M. Delvincourt (2) et de quelques jurisconsultes.

Je crois cependant qu'il est plus juste de répondre, avec M. Merlin, que le droit, accordé aux époux par les art. 1440 et 1548, de réclamer des intérêts, n'est nullement compromis dans la circonstance qui nous occupe. Le constituant pourra seulement exiger qu'on

(1) Conf. l. 42, § 2, D., *Soluto matrimonio.*

(2) M. Delvincourt commet, suivant moi, une erreur lorsqu'il distingue entre le cas où il n'a été rien dit des intérêts dans le contrat de mariage, et celui où ils ont été expressément stipulés. Dans la première hypothèse, si le constituant a fourni des aliments, le mari ne pourrait réclamer les intérêts de la dot ; mais, dans la seconde hypothèse, il pourrait les réclamer, sauf le droit pour le constituant de lui opposer la compensation jusqu'à concurrence de la valeur des aliments fournis. — Qu'importe que l'on se soit ou non expliqué sur les intérêts, puisque, grâce à la prévoyance de la loi, ils courent de la même façon dans les deux cas ? Les deux hypothèses doivent donc recevoir la même solution, et rien ne me paraît justifier la distinction proposée par l'éminent jurisconsulte.

lui tienne compte de la valeur du logement et de la
nourriture qu'il a fournis aux époux. Si la destination
des intérêts est de subvenir aux besoins du ménage,
il n'en résulte pas que leur valeur soit complètement
adéquate à cette destination ; ils peuvent être plus ou
moins considérables, et, de même que le mari ne
pourrait pas, en cas d'insuffisance, s'adresser au constituant pour obtenir un supplément, de même il
n'est pas tenu de justifier que les sommes par lui
dépensées égalent le chiffre des intérêts. Ce sont
deux créances distinctes qui existent corrélativement :
la créance du mari pour les intérêts de la dot ; la
créance du donateur pour l'entretien des époux.
Lorsqu'elles seront liquidées, la compensation s'opé-
rera jusqu'à due concurrence ; et, s'il y a un excédant,
celui qui sera reconnu créancier pourra le réclamer (1).

27. Il n'est pas besoin de faire remarquer que, si,
en promettant des intérêts, le constituant s'était en
même temps chargé de l'entretien des époux, cet entretien serait regardé comme faisant partie de la
constitution dotale, et le mari pourrait exiger simul-
tanément les intérêts et l'exécution de la promesse
qui lui a été faite.

28. Mais que faudrait-il décider lorsque, sans s'o-
bliger expressément à payer des intérêts aux époux,

____

(1) Merlin, *Intérêts*, § 2. — Troplong, n°. 3096. — Odier, n°. 1456.

le constituant a pris dans le contrat de mariage l'obligation de subvenir à leur entretien, et de leur donner la nourriture et le logement? Cette hypothèse diffère de celle que nous avons examinée en ce que, dans le premier cas, le contrat de mariage ne renfermait de stipulation ni pour les intérêts de la dot, ni pour l'entretien des époux. Ici, nous trouvons, au contraire, une stipulation relative à l'entretien des futurs conjoints.

M. Bonnet (1), qui semble avoir en vue notre question, pense que la promesse de ces prestations ne saurait se confondre dans les obligations du donateur, avec les intérêts duquel elles sont évidemment demeurées distinctes dans l'intention des parties.

Il me paraît assez difficile de donner *a priori* une solution à cette difficulté, et les circonstances du fait devront nécessairement exercer une grande influence sur les décisions à intervenir. Mais, cessant tout renseignement de cette nature, je ne serais nullement frappé par ce caractère d'évidence dont parle le savant magistrat. Bien différente est alors l'intention du donateur. Il a voulu offrir aux époux, à forfait, ce que la loi regarde, dans certaines circonstances, comme l'équivalent des intérêts ; et, comme, d'une part, les donations ne se présument pas; comme, d'autre part, il s'agit ici encore de revenir à la rigueur des principes auxquels nos articles font échec, je serais fort porté à reconnaître pour le constituant, dans la clause qui nous occupe, une dispense de payer des intérêts.

(1) *Revue critique,* t. XVI, p. 439.

29. Dans toutes les hypothèses que nous venons de parcourir et où nous avons cru rencontrer la stipulation contraire, expresse ou tacite, suspendant le cours des intérêts, lorsque la cause qui faisait obstacle à leur perception vient à disparaître, ils reprennent immédiatement leur cours sans qu'il soit besoin d'aucune demande judiciaire (1).

30. Les règles que nous avons exposées doivent recevoir leur application, *mutatis mutandis et quoad subjectam materiem*, lorsque la constitution dotale, au lieu d'émaner d'un tiers, a été faite par l'époux lui-même. Nous aurons seulement à nous demander, lorsque nous examinerons si l'article 2277 s'applique aux intérêts de la dot, s'il ne faut pas, à ce point de vue, faire une différence entre la dot constituée par un tiers et la dot constituée par l'un des époux.

§ 2.

Intérêts des récompenses.

31. Des récompenses peuvent être dues : 1°. par la communauté aux époux ; 2°. par les époux à la communauté ; 3°. par les époux l'un à l'autre. Comment ces diverses créances produiront-elles intérêt ?

La loi distingue entre les relations des époux avec la communauté et les relations des époux entre eux.

____

(1) Poitiers, 28 mars 1860. — D. P. 60. 2. 168.

Le premier rapport est réglé par l'article 1473 ; le second, par l'article 1479.

32. Art. 1473 : « Les remplois et récompenses dus par la communauté aux époux, et les récompenses et indemnités par eux dues à la communauté emportent les intérêts de plein droit, du jour de la dissolution de la communauté. »

On a donné comme motif de cette nouvelle dérogation à l'article 1153 que, la communauté étant dissoute et n'ayant plus de chef, il n'y a plus d'action à exercer contre elle et que, dès lors, une demande judiciaire serait sans objet (1).

Ce point de vue ne me paraît pas exact, et c'est, je le crois, dans le rapprochement des principes de la communauté et de la société qu'il faut chercher la justification de notre article.

La loi n'a pas assimilé complètement la communauté et la société. Ayant égard aux différences essentielles qui séparent la société ordinaire de l'association conjugale, qui comprend tout à la fois les biens et les personnes, elle n'a pas cru devoir étendre de l'une à l'autre certaines règles rigoureuses et de nature à troubler peut-être la paix du foyer domestique. L'associé qui fait un apport de fonds à la société réclame dans les bénéfices sociaux, à compter du jour de son apport, une part proportionnelle à sa mise (art. 1853) ; et, réciproquement, l'associé, qui prend une somme dans la caisse sociale et qui l'emploie à

____

(1) Rodière et **Pont**, *Contrat de mariage*, t. I, n°. 729.

son profit, doit en payer l'intérêt à partir du jour où il l'a prise (art. 1846). Mais ces comptes, ces réglements pécuniaires, auxquels il faut se livrer à des époques périodiques, sont incompatibles avec cette société spéciale qui résulte du mariage : *Inter conjuges res non sunt amare tractandæ*. Les pouvoirs spéciaux du mari administrateur, l'état de soumission et de dépendance de l'épouse, s'opposent à des opérations de ce genre. Un travail sans contrôle sérieux aurait pu avoir pour résultat d'enrichir la communauté au détriment de la femme, et le mari lui-même aux dépens de la communauté. — Celle-ci, d'ailleurs, aux termes de l'art. 1401, gagne tous les revenus actifs; aux termes de l'art. 1409, elle supporte tout le passif correspondant à l'actif qu'elle encaisse; de telle sorte que, pendant sa durée, il s'opère en elle une confusion incessante des intérêts actifs qu'elle perçoit et des intérêts passifs qu'elle acquitte.

La loi a donc cru devoir suspendre l'application des deux règles formulées dans les articles 1846 et 1853. Mais, lorsque la communauté est dissoute, le législateur n'a plus à observer les mêmes tempéraments. La situation change; les choses reprennent leur cours normal; la masse sociale se décompose; les reprises que l'époux peut exercer s'en détachent et s'en séparent; le moment est arrivé aussi, où l'époux, s'il est débiteur, doit acquitter sa dette. De plein droit, les intérêts vont courir, afin que les lenteurs possibles d'une liquidation ne causent aucun préjudice au créancier, époux ou communauté.

Rien n'est donc plus sage que la disposition de l'art. 1473. Ajoutons encore que rien n'est plus simple et plus clair.

33. On a élevé cependant une difficulté, et on s'est demandé si la femme pourrait se prévaloir de notre article lorsqu'elle renonce à la communauté, ou si, au contraire, pour faire produire des intérêts à ses reprises, elle devait dans ce cas recourir à une demande en justice.

Et quelques-uns, se fondant sur la place qu'occupe dans le Code l'art. 1473, ont soutenu qu'une demande était nécessaire. La loi, dans la section V, s'occupe du partage de la communauté après l'acceptation. Or, ici, la femme n'accepte pas, elle renonce ; donc nous ne sommes pas dans les termes de l'article. — Et rien n'est plus rationnel, ajoute-t-on; qu'on se rappelle l'adage : *Mulier non est socia; sed speratur fore.* La femme qui renonce n'a jamais été commune. La communauté se confond, par sa renonciation, dans la personne du mari. La femme n'a plus qu'une créance personnelle à exercer contre son époux, et c'est l'art. 1479 qui doit recevoir son application.

Cette argumentation n'est pas sans valeur, et cependant elle a rallié bien peu de partisans. C'est qu'en effet, je ne crois pas que l'ordonnance de notre Code soit assez rigoureusement exacte pour qu'on puisse attacher une très-grande importance à la place qu'occupe un article. Ce qu'il faut examiner avant tout, c'est le caractère même de la disposition. Les motifs que nous venons d'indiquer, comme étant la base de l'art. 1473, sont indépendants du point de savoir s'il y a, oui ou non, acceptation. Ils trouvent leur application dans les deux circonstances. La communauté s'est enrichie aux dépens de l'épouse. Normalement et régulièrement, elle aurait dû payer des intérêts, à compter du jour où elle a fait ce profit. La condition des époux s'y est opposée. Aujourd'hui, l'obstacle n'existe plus : la communauté ne perçoit plus les revenus de la femme ; la règle générale doit reprendre son empire. Les intérêts courront de plein droit au profit de la femme, de même que la femme, si elle est débitrice envers la communauté, devra de plein droit des intérêts.

La femme qui renonce est réputée, dit-on, n'avoir jamais été commune. C'est là une maxime que chacun répète, et qui pourtant n'est écrite dans aucun texte et n'a rien de fondé. On a comparé avec raison la femme qui renonce à un associé commanditaire. De même que celui-ci, quand la société marche à sa ruine, perd sa mise, de même la femme perd sa mise quand elle renonce. Dira-t-on cependant que l'associé commanditaire n'a pas été associé? Non assurément. Eh bien ! il en doit être de même de la femme. Il a existé une communauté qui est débitrice vis-à-vis d'elle et qui doit payer sa dette. Que l'on ne dise donc pas que la créance de la femme contre la communauté s'est métamorphosée en une créance personnelle contre le mari.

Sans doute, par suite de la renonciation de la

femme, ces créances, quant à leur mode de recouvrement, ont une certaine similitude avec les créances personnelles contre le mari ; mais elles ont une autre origine. C'est la dot de la femme qui est en jeu, et « tout ce qui est dot ou tient lieu de dot, disait Lebrun, se doit restituer avec intérêts. » Quand il s'agit d'une simple créance personnelle de l'époux contre l'époux, dans les termes de l'article 1478, qu'on procède et qu'on agisse suivant les règles du droit commun ; rien de mieux. Il n'y a pas alors de motifs pour se montrer plus favorable à l'époux qu'à tout autre créancier. Mais ici, c'est la dot que l'on réclame, la dot que la loi a toujours envisagée avec tant de sollicitude, et l'on doit tenir compte des différences que le législateur a établies entre la créance personnelle et la créance sociale. La renonciation de la femme, cette renonciation qui a été introduite dans son intérêt, ne peut être pour elle la source d'un préjudice ; et le mari n'est pas fondé à s'enrichir et à conserver pour lui les intérêts de la dot.

Aussi, sous l'empire de notre ancien Droit, qui admettait la disposition de l'article 1473 (1), un arrêt du Parlement de Paris, de 1673, avait déjà consacré l'opinion que nous adoptons, et Bourjon (2) disait qu'on doit suivre, dans le cas de renonciation, les mêmes règles que dans le cas d'acceptation, c'est-à-dire que le mari n'a droit aux fruits des propres de

____

(1) Pothier, *Introduction à la Coutume d'Orléans*, t. X, n° 134.

(2) Bourjon, *Droit commun de la France*, t. I, p. 643, éd. de 1770.

la femme que jusqu'au jour de la dissolution de la communauté.

Ainsi donc, sans distinction entre le cas d'acceptation et le cas de renonciation, l'article 1473 doit toujours recevoir son application (1).

34. Dans les relations des époux entre eux, la règle générale : *Nulla intelligitur mora ibi fieri, ubi nulla petitio est* (2), retrouve son empire. Il s'agit alors d'une créance ordinaire qui ne mérite pas plus de faveur que toute autre créance. Aussi l'article 1479 nous dit-il que « les créances personnelles, que les époux ont à exercer l'un contre l'autre, ne portent intérêt que du jour de la demande en justice. »

Il faut toutefois entendre raisonnablement cette disposition. Elle soumet les époux aux règles du droit commun en ce sens que, là où des étrangers devraient avoir recours à une demande judiciaire, les époux ne seront pas affranchis de l'accomplissement de cette formalité. Mais, si la créance de l'époux est de telle nature qu'en règle générale, elle produise des intérêts de plein droit et indépendamment de toute demande, vainement on argumenterait de la généralité des expressions de l'article 1479 pour soutenir que le conjoint sera traité plus défavorablement qu'un étranger. Ce serait faire violence à la pensée de la loi, qui est de mettre sur la même ligne les créances

(1) **Aubry et Rau**, d'après Zachariæ, § 511, t. IV, p. 304. — Troplong, n°. 1708. — Odier, n°. 582.

(2) **L.** 88, **D.**, *De regulis juris.*

personnelles des époux l'un contre l'autre et celles qu'ils pourraient avoir sur des tiers. L'article 1479 a eu pour but d'arrêter l'extension trop grande qu'on eût voulu donner à l'article 1473 ; mais il ne s'est nullement proposé de traiter les époux avec plus de rigueur que tous autres créanciers (1).

§ 3.

Restitution de la dot.

35. Trois causes peuvent donner naissance à l'obligation, incombant au mari, de restituer la dot que la femme lui a apportée : 1°. la mort de la femme ; 2°. la mort du mari ; 3°. la séparation de biens.

36. I°.—Art. 1570 : « Si le mariage est dissous par la mort de la femme, l'intérêt et les fruits de la dot à restituer courent de plein droit, au profit de ses héritiers, depuis le jour de la dissolution. »

La dot avait été apportée au mari pour faire face aux charges du mariage. Elle a actuellement rempli sa destination : *Cessante causâ, cessant effectus.* Le mari n'a plus de charges à supporter. La dot doit donc être immédiatement restituée aux héritiers de la femme ; et, si le mari manque à son obligation, il doit les intérêts de plein droit et sans aucune demande judiciaire.

Cette règle est incontestable lorsque la dot consiste en immeubles ou en meubles non estimés par le contrat

____

(1) Marcadé, *Sur l'art.* 1478, n°. 2.

de mariage, ou en meubles mis à prix, mais avec déclaration que l'estimation n'en ôte pas la propriété à la femme. Remarquons toutefois que, dans ces diverses hypothèses, prévues par l'art. 1564, il s'agit plutôt de fruits que d'intérêts.

Mais, lorsque la dot consiste en une somme d'argent, ou en meubles mis à prix par le contrat sans déclaration que l'estimation n'en rend pas le mari propriétaire, des doutes peuvent s'élever.

37. Dans ce cas, en effet, la loi, pensant que le mari ne conserve pas dans sa caisse des valeurs pécuniaires considérables; qu'en bon père de famille, il emploie ses capitaux à des placements productifs qui lui permettent de soutenir l'association conjugale, lui accorde, *miserationis intuitu*, à l'exemple de la loi romaine, un délai d'un an pour procéder au recouvrement de ses deniers et en faire la restitution. Les héritiers de la femme pourront-ils réclamer les intérêts de la dot pendant l'année de grâce qui est accordée au mari ?

A Rome, la loi unique, C., § 7, *De rei uxoriæ actione*, se prononçait pour la négative ; et cette solution avait été admise dans beaucoup de pays de droit écrit, sous la condition toutefois que, pendant cette année, les héritiers du mari prédécédé fourniraient à la femme la nourriture et l'entretien : « Plane quamdiu peti dos non potest, id est intrà annum luctus, usuras præstari non oportet, quippe quæ non propter lucrum petentium, sed propter

moram non solventium infliguntur. Mora autem esse
non potest ubi nulla petitio est. Sed ideo nimirum
constitutum fuit ut toto eo anno viduam alere mariti
hæredes debeant, eique vestes lugubres, aliaque in
genus ad victum et vestitum necessaria præbere. »

Quoique le président Favre ait surtout en vue,
dans ce passage, le cas où la femme survit au mari,
les mêmes règles étaient appliquées à l'hypothèse qui
nous occupe, avec cette différence toutefois que le
mari conservait pour lui tous les intérêts, et n'était
pas tenu de fournir aux héritiers de la femme *vestes
lugubres, victum et vestitum.*

Je ne crois pas que la même solution puisse être
admise dans notre Droit. L'art. 1570, par la généralité de ses expressions, s'applique aussi bien à l'hypothèse de l'art. 1565 qu'à celle de l'art. 1564. Les
intérêts de la dot courent de plein droit, dit-il; or,
ici, la dot consiste en une somme d'argent. Donc,
cette somme d'argent doit produire des intérêts de
plein droit.

Ajoutons que lorsque l'art. 1570 emploie l'expression intérêts, c'est qu'il a en vue l'art. 1565, et non
pas l'art 1564, dont le texte n'énumère que des objets productifs de fruits, et non pas des choses susceptibles d'engendrer des intérêts, comme celles
qu'indique l'art. 1565.

Il y avait, d'ailleurs, mêmes raisons de décider.
L'art. 1570 n'est que la contre-partie et la corrélation
de l'art. 1548. Les intérêts courent de plein droit au
profit du mari dès le jour de la célébration du ma-

riage ; de même, ils cessent de courir à son profit dès le jour de la dissolution. Le mari n'a droit aux fruits et aux intérêts que dans la proportion du temps pendant lequel il a soutenu les charges du mariage. Or, nous avons vu que si la loi accordait surséance au mari, c'était pour qu'il pût faire rentrer les sommes qu'il avait placées. S'il en est ainsi, qu'il tienne compte à la femme ou à ses héritiers des produits qu'il retire de ces sommes dotales, c'est là quelque chose d'équitable et de rationnel, que l'art. 1570 permet de faire prévaloir.

38. II°. — « Si le mariage est dissous par la mort du mari, la femme a le choix d'exiger les intérêts de sa dot pendant l'an de deuil, ou de se faire fournir des aliments pendant ledit temps aux dépens de la succession du mari; mais, dans les deux cas, l'habitation pendant cette année et les habits de deuil doivent lui être fournis sur la succession et sans imputation sur les intérêts à elle dus. » (Art. 1570.)

Que veut dire cet article? Je ne me l'explique pas très-bien. Et cependant lors de sa promulgation, aucune observation ne l'a accompagné, et, depuis lors, les commentateurs se sont bornés à l'analyser sans chercher à pénétrer dans quel sens il fallait l'entendre.

La rédaction me paraît confuse, inexacte et ambiguë. Le législateur ne parle plus que d'intérêts, tandis que, dans le premier paragraphe, il parlait tout à la fois des intérêts et des fruits. Je crois qu'il

a eu tort d'abandonner cette formule, qui seule me
paraît exacte et de nature à tout concilier. — Il proclame que la femme a le droit d'exiger les intérêts de
sa dot pendant l'an du deuil.... Qu'est-ce que l'an du
deuil? Sous le régime de la communauté, on expulse
la femme de la maison conjugale au bout de trois
mois et quarante jours; sa première douleur doit
être apaisée. Mais la femme dotale aura, elle, un an
pour pleurer son mari. Pourquoi cette différence? C'est
que les rédacteurs de l'article 1570 avaient présente
à l'esprit cette année de surséance accordée par l'article 1565, et *l'année de surséance* est devenue dans
l'article 1570 *l'année du deuil.*

Si de la forme je passe au fond, je dis qu'entendu
à la lettre, notre article produirait des résultats déplorables. En veut-on un exemple? La dot de la
femme consistait en immeubles d'une valeur considérable et en capitaux montant seulement à quelques
milliers de francs. Les héritiers du mari restituent
sans délai la dot immobilière; mais ils se prévalent
de l'article 1565 pour la restitution de la dot mobilière. La femme pourra-t-elle leur dire : Je refuse
les intérêts de cette dot mobilière, et je veux que
vous me fournissiez des aliments aux dépens de
la succession du mari? Est-ce possible? Oui, si l'on
s'en tient à la lettre du texte. Non, si l'on fait
appel aux plus élémentaires principes d'équité et de
justice.

Ce ne peut pas être là le véritable sens de l'art. 1570.
Il faut lui en chercher un autre. Eh bien! voici

quelle est, suivant moi, l'interprétation qu'il doit recevoir. Je me place dans deux hypothèses.

PREMIÈRE HYPOTHÈSE. Les héritiers du mari viennent dire à la femme : Votre dot, nous vous la restituons intégralement, non-seulement les objets mentionnés dans l'art. 1564, mais encore ceux qu'indique l'art. 1565. Nous renonçons au bénéfice du terme qui a été introduit en notre faveur. Tous vos biens vont vous être remis immédiatement, *illico* (1) ; vous aurez l'habitation et les vêtements de deuil ; mais nous ne vous paierons pas d'intérêts et nous ne vous fournirons pas d'aliments.

Doit-on accueillir cette prétention ? Je ne vois pas sur quels motifs on s'appuierait pour la repousser. Vainement la femme dirait-elle : La loi m'a conféré un droit d'option, et vous ne pouvez me l'enlever et m'en dépouiller. Le terme a été accordé au mari et à ses héritiers, *miserationis intuitu*. Pourquoi ne pourraient-ils pas y renoncer ? L'art. 1570 vous a donné un droit d'option pour le cas où ils pourraient être tenus de vous payer des intérêts ; mais ils ont entre les mains des capitaux suffisants pour vous rembourser votre dot. Ils craignent les chances de perte et les risques d'insolvabilité des emprunteurs auxquels ils les remettraient. Rien ne s'oppose à ce qu'ils se libèrent.

Les convenances de la femme seront d'ailleurs suffisamment protégées. La succession du mari lui fournira, pendant l'année, l'habitation et les vêtements

(1) L. 1, § 7, C. *De rei uxoriæ actione.*

de deuil. Mais la femme administrera elle-même sa fortune, surveillera ses placements et assumera sur sa tête la responsabilité des opérations qu'elle aura faites. Je ne connais aucun texte qui oblige les héritiers du mari à se constituer administrateurs de la fortune de la femme : on doit donc les autoriser à repousser une charge que l'on veut faire peser sur eux, et à laquelle ils ont le droit de se soustraire.

Seconde hypothèse. Les héritiers sont prêts à rendre la dot consistant en corps certains ; mais il leur faut un délai pour la restitution des choses fongibles. La femme pourrait-elle leur dire : Je m'empare de l'art. 1564 : rendez-moi immédiatement les objets énumérés dans cet article, j'en percevrai les revenus et les fruits, et j'en disposerai au gré de mes désirs ; quant aux autres valeurs dotales, gardez-les pendant le délai d'un an ; mais je ne vous en demande pas les intérêts : vous me fournirez des aliments ?

Ce raisonnement de la femme, envisagé au point de vue des textes, est inexpugnable, je le crois fermement ; et cependant le résultat est tel qu'il est impossible d'en nier l'injustice flagrante. Il faut donc essayer de s'y soustraire, en faisant à l'art. 1570 sa part d'application et en l'écartant dans toutes les autres circonstances.

Voici le cas que le législateur a dû avoir en vue, et dans lequel la solution empruntée à notre article n'a rien de blessant pour l'équité : c'est celui où la dot tout entière de la femme consiste en choses fongibles, et où les complications des deux articles

1564 et 1565 ne se présentent pas. Les héritiers demandant un délai d'un an pour la restitution de la dot, la femme sera en droit d'exiger d'eux, soit des intérêts, soit des aliments. On s'explique alors l'absence du mot fruits dans l'art. 1570, puisque la dot ne comprend pas de choses frugifères dans l'acception spéciale de ce mot.

Mais, si on suppose réunis dans la dot les biens de l'art. 1564 et les biens de l'art. 1565, je demande comment on pourra sortir de la difficulté.—Je crois, pour ma part, que les héritiers du mari pourraient alors dire à la femme : De deux choses l'une : ou bien nous allons vous remettre immédiatement les corps certains constitués en dot, et nous vous paierons les intérêts du surplus, sans que vous puissiez exiger de nous des aliments ; ou bien, vous réclamez des aliments, soit ; nous garderons votre dot tout entière et nous en percevrons les fruits et les intérêts. La loi a considéré que les aliments étaient la représentation de tous vos revenus. Vous ne pouvez pas faire peser sur une portion spéciale de ces revenus l'obligation de subvenir à vos dépenses. Eh quoi ! vous encaisseriez et vous utiliseriez les revenus de vos immeubles pendant que nous, sur notre propre fortune, nous ferions face à vos besoins ? Il n'en est pas ainsi. Ce que vous pouvez faire, c'est de nous laisser votre dot tout entière, si nous consentons à nous charger de ce fardeau, et alors vous pourrez nous demander, soit des intérêts, soit des aliments ; ou de nous abandonner seulement cette portion de votre dot dont s'occupe l'art. 1565, et alors nous ne vous devrons que des intérêts; pas d'aliments.

En résumé donc, lorsque la femme survit, les héritiers du mari sont en droit de lui remettre immédiatement sa dot entière et ils ne lui devront ni intérêts, ni aliments. — Ou, au contraire, ils continueront de percevoir les fruits et les intérêts de la dot entière, et la femme pourra exiger d'eux soit des intérêts soit des aliments, selon qu'elle avisera. — Ou enfin, les héritiers ne conserveront que les choses pour lesquelles il est accordé un délai de surséance et rendront le surplus à la femme. Dans ce cas, celle-ci ne pourra demander des aliments, elle sera seulement admise à réclamer des intérêts.

Tel me paraît être le sens de l'article 1570, bien interprété. Il ne semble pas prévoir les diverses distinctions que je viens de formuler ; mais, en les exprimant, je crois être dans son esprit et m'inspirer de la pensée des rédacteurs. Autrement, on violerait les principes de l'équité. C'est déjà bien assez que, sous prétexte que la femme ne peut pas être expulsée du domicile conjugal comme une misérable concubine, et qu'elle ne doit pas pleurer son mari à ses dépens, on grève les héritiers du mari de la charge de fournir l'habitation et les vêtements de deuil à la femme, sans que l'on doive chercher encore à interpréter rigoureusement les dispositions ambiguës de l'art. 1570 pour aggraver les obligations qui pèsent sur la succession.

39. La loi ne nous dit pas, dans le second paragraphe de l'art. 1570, que les intérêts courent de
plein droit, et indépendamment de toute demande
judiciaire. En faut-il conclure que la femme survi-
vante sera tenue d'adresser une demande aux héritiers du mari, pour faire courir contre eux les intérêts? — La négative me paraît certaine. Dès là que
le législateur, dans l'art. 1570, 1°., faisait courir les
intérêts de plein droit au profit des héritiers de la
femme contre le mari lui-même, *a fortiori* il en devait
être ainsi, lorsqu'on se trouvait en face de la femme
et des héritiers du mari. C'est là ce qui explique le
silence de notre texte.

40. III°. — Nous avons ajouté que le mariage
pouvait encore être modifié par la séparation de
biens, qui oblige le mari à restituer la dot de la
femme.

On aurait pu contester que l'art. 1570 s'appliquât
à cette hypothèse : il ne prévoit que le cas de décès
du mari ou de la femme ; et, comme il renferme une
disposition rigoureuse, dérogatoire à la règle posée
par l'art. 1153, on aurait peut être été tenté de dire
qu'alors les intérêts ne seraient dus qu'à compter du
jour de la demande intentée par la femme, conformé-
ment à l'art. 1153. — Cependant on s'est accordé à
reconnaître l'extension de notre article à la séparation de biens. Le législateur s'est occupé de l'hypothèse la plus ordinaire, et aussi la plus naturelle.
Lui-même a payé tribut à ce vieil adage: *Malum*

omen non est providendum. Les raisons de décider ne sont-elles pas les mêmes ?

Mais alors, à partir de quelle époque courront les intérêts ? Sur ce point, grande controverse dans l'ancien Droit; et la lutte n'est pas moins vive aujourd'hui. M. Zachariæ dit : du jour de la demande; M. Troplong : du jour du jugement de séparation; M. Odier, tantôt l'un, tantôt l'autre, suivant qu'il traite du régime en communauté ou du régime dotal. M. Tessier enfin fait une distinction : ou le mari a supporté les charges du mariage jusqu'au jugement, et les intérêts ne courront qu'à partir de cette époque; — ou bien, pendant l'instance, la femme a vécu séparée de son mari et a pourvu elle-même à ses besoins; alors les intérêts courent du jour de la demande. Au milieu de ce conflit d'opinions, où est la vérité (1)? Pothier laissait la question à l'arbitrage du juge. On comprend assez que nous ne pouvons nous contenter de cette solution (2).

Pour soutenir que les intérêts ne doivent courir qu'à compter du jugement qui prononce la séparation de biens, M. Troplong s'appuie sur l'autorité de l'ancien Droit, et il invoque un arrêt du 8 avril 1672 qui n'a adjugé à la femme les intérêts de sa dot que du jour de la sentence de séparation. En second lieu, les intérêts sont, en général, la peine d'un retard dans

---

(1) M. Tessier, *De la dot*, t. II, p. 267, n°. 128 et note 1062. — Odier, n°°. 420 et 1399. — M. Troplong, n°°. 1384 et 3672.

(2) *De la communauté*, n°. 524.

le paiement. Or, toute séparation volontaire étant nulle, le mari ne pouvait remettre à la femme sa dot avant le jugement. Il serait donc injuste de permettre qu'on le punît pour une faute dont il n'est pas coupable. Enfin, jusqu'au jugement de séparation, c'est le mari qui doit supporter les charges du mariage. Or, les intérêts de la dot sont destinés, nous l'avons vu, à faire face à ces obligations. Il est donc équitable que le mari en ait la jouissance jusqu'au moment où ces obligations s'éteignent. Graves raisons qui ont déterminé la Cour de cassation lors de son arrêt du 28 mars 1848 (1) !

Je crois cependant qu'à l'argumentation de M. Troplong, on peut répondre victorieusement ; et aux trois raisons qu'il a invoquées j'oppose les considérations suivantes :

1°. L'éminent auteur se fait une étrange illusion lorsqu'il cherche à sa théorie un appui dans l'ancienne jurisprudence. Pothier lui-même nous indique que l'usage du Châtelet était contraire à la théorie de l'arrêt de 1672, et le moyen terme indiqué par le savant auteur du *Traité de la Communauté,* qui s'en remet à la sagesse du juge, indique suffisamment que la doctrine de l'arrêt n'avait pas fait fortune et qu'elle rencontrait encore des contradicteurs. La pratique du Châtelet de Paris était de donner aux sentences de séparation de biens un effet rétroactif au jour de la demande de séparation, et, comme conséquence, on

(1) Cass., 28 mars 1848. Devill., 48. 1. 354.

adjugeait à la femme, du jour de la demande en séparation, les intérêts de la dot que le mari était condamné à lui restituer par la sentence de séparation.

2°. Mais en admettant même, ce qui n'est pas, que la thèse de M. Troplong fût exacte dans l'ancien Droit, il n'en faudrait pas aujourd'hui tirer un grand argument. Notre législation s'est montrée plus rigoureuse que l'ancienne jurisprudence pour tout ce qui concerne les intérêts de la dot; c'est ce que nos explications antérieures ont pu déjà établir.

Sans doute, en règle générale, les intérêts sont la peine d'une faute; mais ici, il en est tout autrement. Les art. 1440 et 1548, en obligeant au paiement des intérêts celui-là même qui a stipulé un terme pour sa libération, en sont la preuve évidente. Nos intérêts ne sont pas seulement des intérêts moratoires, ce sont des intérêts légaux, dus en vertu seulement des prescriptions de la loi, et indépendamment de tout retard, sans que l'on ait à examiner si le mari pouvait ou non se libérer.

3°. Enfin, et c'est un argument qui me paraît péremptoire et décisif, l'art. 1445, 2°., déclare que le jugement qui prononce la séparation de biens remonte, quant à ses effets, au jour de la demande. Contestez, si vous le jugez à propos, l'application de l'art. 1570 à la séparation de biens. Mais, dès que vous l'admettez, vous devez faire produire au jugement l'un de ses effets les plus importants, celui que nous indique l'art. 1445. Nos anciens auteurs ne s'y étaient pas trompés, et la logique des praticiens du Châtelet n'avait pas méconnu quels liens intimes rattachaient les deux questions.

Toutefois, nous admettrons volontiers que le mari qui, pendant l'instance, aurait supporté les charges du mariage, pourrait opposer en compensation à la femme les dépenses qu'il a faites pour elle. C'est une application de ce principe de souveraine justice et de haute équité : *Nemo cum alterius detrimento locupletari potest ;* et cette concession enlève au système que nous défendons tout ce qui pourrait le faire envisager comme préjudiciable au mari. C'est qu'en effet, si nous faisons peser sur le mari l'obligation de payer les intérêts de la dot à compter du jour de la demande comme conséquence de l'art. 1445, nous appliquons à la femme l'art. 1448 avec la même étendue et nous l'astreignons à contribuer aux charges de la famille à compter du jour de la demande.

Aussi, nous préférons à la théorie de la Cour suprême la doctrine d'un arrêt de la Cour de Limoges, du 17 juin 1835, dans une espèce où cependant la cause du mari se présentait sous des dehors bien favorables : la femme était condamnée pour adultère, et le mari dut néanmoins payer les intérêts de la dot à compter du jour où il avait introduit sa demande.

SECTION II.

DES INTÉRÊTS D'UN PRIX DE VENTE.

41. L'art. 1652 est ainsi conçu : « L'acheteur doit l'intérêt du prix de la vente jusqu'au paiement du capital, dans les trois cas suivants : s'il a été ainsi convenu lors de la vente ; si la chose vendue et livrée produit des fruits ou autres revenus ; si l'acheteur a été sommé de payer. Dans ce dernier cas, l'intérêt ne court que depuis la sommation. »

Ainsi donc, en règle générale, un prix de vente ne produit pas d'intérêts, et ce n'est que par exception, dans les cas limitativement déterminés par la loi, que le vendeur sera fondé à en réclamer de l'acheteur. Mais aussi, dans les trois cas spécialement prévus par le législateur, dès que la circonstance qui donne passage au cours des intérêts sera réalisée, ils courront immédiatement et de plein droit.

Notre article 1652 a été emprunté presque littéralement à Domat, qui lui-même l'avait tiré du Droit romain : « L'acheteur doit en trois cas l'intérêt du prix : par convention, s'il est stipulé ; par la demande en justice, si après le terme il ne paie pas ; et par la nature de la chose vendue, si elle produit des fruits ou autres revenus, comme un champ ou une maison : l'intérêt en est dû sans convention, ni demande en justice (1). »

____

(1) *Lois civiles*, L. I, t. II, sect. 3, n°. 6.—L. 6, C., *De pact. int.*

Nous allons rapidement parcourir les trois hypothèses, prévues par nos textes, dans lesquelles l'acheteur est obligé au paiement des intérêts. Dans la première, il s'agit, à proprement parler, d'intérêts conventionnels; dans la seconde, d'intérêts légaux; dans la troisième, d'intérêts moratoires. Nous les réunirons cependant, pour ne pas scinder notre article.

§ 1er.

Intérêts conventionnels.

42. L'acheteur doit les intérêts de son prix, s'il a été ainsi convenu lors de la vente. C'est une conséquence du principe écrit dans l'article 1134 : « Les conventions légalement formées tiennent lieu de loi à ceux qui les ont faites. »

Les intérêts doivent courir alors du jour du contrat.—M. Troplong s'est demandé toutefois ce qui arriverait si, la vente portant sur une chose qui n'est pas frugifère, et les parties ayant stipulé que les intérêts du prix seraient dus au vendeur, un terme avait été accordé à ce dernier pour la délivrance. Les intérêts ne devraient-ils courir que du jour où la délivrance serait faite, ou faudrait-il les faire remonter au jour du contrat ? — Et l'éminent jurisconsulte a répondu que les intérêts ne seraient dus qu'à

---

empt. *et vend.*—L. 5, C., *De act. cmpti et vend.*—L. 2, C., *De usuris.*
—L. 13, § 20, D., *De act. cmpti et venditi.*—Cf. *Fragmenta Vaticana,*
t. I, § 2.

partir de la délivrance, par ce motif qu'il serait exorbitant de voir le vendeur recueillir tout à la fois les fruits de la chose qu'il détient encore et les intérêts du prix (1).

Je le dis, avec tout le respect dû à l'imposante autorité du premier magistrat de la Cour suprême, il y a là évidemment une inadvertance. Sur quel objet la vente a-t-elle porté? Sur une chose improductive de fruits ; et l'on nous dit qu'il y aurait injustice à laisser les fruits au vendeur! Mais quels fruits le vendeur percevrait-il, puisque la chose n'est pas frugifère ? Je crois, pour ma part, que la généralité des expressions de l'article 1562 doit conduire à décider que, même avant la délivrance de la chose, l'acquéreur devra payer les intérêts de son prix. C'est là ce qui sépare la première hypothèse de la seconde, dans laquelle la loi exige la délivrance. Ici, c'est dans la convention et non pas dans la nature de la chose que l'obligation de payer des intérêts prend naissance. J'écarterais donc, comme n'ayant pas de raison d'être, la solution proposée par M. Troplong.

§ 2.

Intérêts légaux.

43. L'acheteur doit les intérêts de son prix, si la chose vendue et livrée produit des fruits ou autres revenus.

(1) *Traité de la vente,* n°. 601.

Le motif de cette disposition est bien simple : l'acquéreur ne peut tout à la fois jouir des produits de la chose qu'il a achetée et des bénéfices de l'argent qu'il doit au vendeur ; et, corrélativement, le vendeur ne peut être dépouillé en même temps de la chose et des avantages qu'il aurait la faculté de retirer du prix qui la représente : *Cum re emptor fruatur, æquissimum est eum usuras pretii pendere* (1) « Rien de plus juste, disait M. Faure, dans son rapport au Tribunat ; si le vendeur eût conservé la chose, les fruits ou revenus eussent été pour lui. Les intérêts du prix doivent donc lui tenir lieu de cette jouissance jusqu'à ce qu'il ait reçu le prix qui est représentatif de la chose (2). »

Les raisons que nous venons d'indiquer me font penser volontiers que, dans ce cas, ce n'est qu'à partir de la délivrance que le vendeur sera en droit de réclamer des intérêts. Déjà la loi romaine disait : *Veniunt usuræ pretii post diem traditionis* (3), et la loi 16, § 1, D., *De usuris*, ajoutait, plus énergiquement encore : *Cum usuræ pretii fundi ab eo qui a fisco emerat peterentur, et emptor negaret traditam sibi possessionem, imperator decrevit, iniquum esse usuras ab eo exigi, qui fructus non percepisset.* — Dans notre ancien Droit, Pothier ne soumet l'acheteur au paiement des intérêts que du jour qu'il est entré en possession

---

(1) L. 13, § 20, D., *De actionibus empti et venditi.*
(2) Locré, *Législation civile,* t. XIV, p. 201.
(3) L. 13, § 20, D., *De act. empti et venditi.*

et jouissance de la chose (1). — Enfin, on ne saurait nier que l'attention des rédacteurs du Code s'est portée sur la nécessité de la délivrance : « Si la chose vendue et livrée... » — Aussi, pour que les intérêts courussent du jour de la vente, il faudrait une stipulation formelle des contractants.

44. Les anciens auteurs se demandaient si la règle que l'art. 1652 a fort sagement reproduite ne devait pas recevoir échec lorsque le vendeur, en faisant immédiatement la délivrance, accordait à son acquéreur un délai pour le paiement. Et l'opinion généralement reçue, et adoptée par Pothier lui-même, se formulait dans les distinctions suivantes.

De deux choses l'une : ou le délai n'est que le résultat de la bienveillance du vendeur qui s'abstient de diriger contre son acquéreur des poursuites rigoureuses. Dans ce cas, tout le monde s'accorde à reconnaître que le vendeur a droit à des intérêts.

Ou, au contraire, le terme a été expressément accordé à l'acheteur. Alors, nouvelle distinction.

Si la concession du terme est contemporaine de la formation du contrat de vente, les intérêts du prix ne seront pas dus par l'acquéreur pendant le délai accordé, encore bien que l'acquéreur jouisse de l'objet vendu, d'un immeuble, si l'on veut. On en donne plusieurs motifs.

D'abord, tout pacte obscur et ambigu doit s'inter-

____

(1) *Traité de la vente,* n°. 283.

prêter contre le vendeur (1). Or , le vendeur pouvait stipuler que l'acheteur serait tenu de payer des intérêts pendant le terme qui lui était concédé. Il ne l'a pas fait.

En second lieu, on peut croire que, dans la fixation du prix, les parties ont tenu compte de cette jouissance que l'acquéreur aurait tout à la fois de l'immeuble et du prix. « Elles sont censées être convenues d'un prix plus fort qu'il ne l'eût été sans cette clause. Le vendeur ne peut donc plus exiger les intérêts comme le prix de cette jouissance, puisqu'il en est payé sur le prix principal, dans lequel celui de cette jouissance est entré (2). » Le doute peut au moins exister sur ce point, et nous savons que, dans le doute, c'est le vendeur qui doit succomber.

M. Troplong indique un troisième motif, dont il prétend trouver la trace dans Fachinée, et qui aurait contribué à accréditer cette opinion dans l'ancien Droit: l'usure était alors sévèrement prohibée par la législation civile et par la législation canonique, et l'esprit des jurisconsultes était habile à découvrir tout moyen détourné par lequel les parties seraient arrivées à éluder la loi. Or, concéder un terme à son acquéreur, laisser le prix entre ses mains à la charge pour lui de payer des intérêts, pouvait voiler un véritable prêt, et le prêt ne devait pas être le principe d'une perception usuraire.

---

(1) Art. 1602 Cod. Nap.— L. 39, D., *De pactis.*— L. 24 et 33, D., *De contr. empt.*

(2) Pothier, *De la vente,* n°. 286.

Je crois que M. Troplong a exagéré une idée qui est vraie en elle-même. Si la préoccupation des jurisconsultes avait été celle qu'indique l'éminent auteur, non-seulement ils eussent dispensé l'acquéreur de payer des intérêts en l'absence d'une stipulation expresse faite par le vendeur, mais ils auraient encore sévèrement interdit cette stipulation elle-même et l'auraient frappée de nullité lorsqu'elle se serait manifestée. Or, tous s'accordaient à reconnaître que « si, lors de la vente d'un immeuble, il est convenu que l'acquéreur sera mis en possession, et que néanmoins il n'en paiera le prix que dans un certain temps, à la charge d'en payer les intérêts pendant le même temps, la convention est licite et les intérêts sont dus (1). » — Ce qu'il faut reconnaître avec Fachinée (2), c'est que l'opinion contraire avait été très-anciennement suivie par quelques docteurs ; mais, à l'époque même où elle était en crédit, on avait trouvé moyen d'y échapper en conseillant au vendeur de conserver par devers lui la propriété jusqu'au paiement du prix et de louer, dans l'intervalle, la chose à l'acheteur moyennant un prix qui n'avait rien d'illicite et qui ne pouvait tomber sous la dénomination d'usure. On n'avait pas tardé toutefois à reconnaître combien la sévérité des docteurs était exagérée. Si la vente avait été consentie sans terme et que l'acheteur fût venu à différer le paiement du

----

(1) Lecamus d'Houlouve, p. 70. — Pothier, *De la vente,* n°. 285.
(2) *Controv. juris,* l. 2, cap. 32, éd. de 1609, p. 234.

prix, il devait des intérêts comme conséquence de son retard. Qu'y avait-il d'illicite dans le fait des parties qui, par une stipulation expresse, arrivaient à un résultat que la loi leur permettait d'atteindre sans convention ? — Nous écarterons donc le troisième motif indiqué par M. Troplong, pour nous en tenir aux deux motifs que nous avons d'abord indiqués et qui se lient intimement l'un à l'autre.

Si, au contraire, et c'est le second membre de la sous-distinction, la concession du terme est postérieure au contrat de vente, l'acheteur n'en devra pas moins payer des intérêts au vendeur. On ne peut plus, en effet, dire alors que les parties, dans la fixation du prix, ont tenu compte du délai accordé par le vendeur.

Ces distinctions trouvent encore aujourd'hui des partisans, et, d'après M. Molitor, elles paraissent équitables et dès-lors décisives (1).

Pour ma part, je crois cependant que, sans distinction aucune, le vendeur, dans tous les cas, aura droit aux intérêts du prix. — Ce n'est pas que je regarde, avec M. Troplong, la loi 13, § 21, D., *De act. empti et vend.*, comme formelle en ce sens. Le jurisconsulte romain suppose que l'acquéreur est mis en possession précaire, ce qui implique l'idée que l'acheteur obtient un terme pour le paiement. Mais, pour sauvegarder ses droits, le vendeur se réserve la faculté d'agir plus tard en revendication, dans le cas

____

(1) *Les obligations en Droit romain,* t. II, p. 43, n°. 407.

où l'acheteur manquerait à l'exécution de ses obligations. — La loi oblige alors l'acquéreur à payer des intérêts jusqu'au paiement de son prix : *Veniunt autem in hoc judicium usuræ pretii post diem traditionis. Possessionem autem traditam accipere debemus, etsi precaria sit possessio.* — Et M. Troplong en induit cette conséquence très-vraisemblable et qui paraît, en effet, résulter de la loi, que la concession d'un terme ne fait pas obstacle au cours des intérêts.

Cet argument serait péremptoire si le pacte de précaire était représenté par les textes comme contemporain de la vente, ou s'il devait toujours et nécessairement intervenir au moment de la formation du contrat. Or, rien n'indique, en fait, à quel moment on doit reporter la naissance de ce pacte ; et, en droit, il faut reconnaître qu'il pouvait avoir lieu postérieurement au contrat de vente. — A Rome, l'acquéreur qui avait acheté sans terme ne devenait propriétaire que par le paiement du prix. On peut supposer que la vente a été d'abord faite sans terme. Plus tard seulement, le vendeur a concédé un terme à l'acheteur en recourant à un pacte de précaire pour conserver des garanties contre une insolvabilité possible. — Ainsi entendue, la loi 13, § 20 et 21, est sans influence sur la solution de la question qui nous occupe, puisque la théorie contraire pourrait s'en emparer et soutenir qu'elle ne fait que fortifier la distinction par elle présentée.

Mais l'argument décisif doit être puisé dans l'art. 1652, qui ne fait aucune distinction. L'acquéreur doit l'intérêt du prix de la vente jusqu'au paiement du capital, si la chose livrée et vendue produit des fruits ou autres revenus. Nous supposons ces diverses conditions réunies. Donc l'acheteur doit des intérêts. — On ne peut raisonnablement soutenir que les rédacteurs du Code n'ont eu en vue, en édictant l'art. 1652, que les ventes sans terme. Ils n'ignoraient pas que, dans les ventes immobilières les plus importantes, un délai est presque toujours accordé à l'acheteur. — Sans doute, les pactes obscurs s'interprètent contre le vendeur. Mais ici c'est la loi elle-même qui a stipulé, et, pour faire tomber la prescription législative, c'était à l'acquéreur de faire insérer dans le contrat une clause dérogeant aux dispositions de la loi.

On ajoute que, dans la fixation du prix, les parties ont tenu compte du terme accordé par le vendeur. Rien d'impossible à cela, et, si l'acquéreur peut fournir la preuve de son allégation, je veux bien reconnaître, avec M. Duvergier et M. Molitor, que l'on devra repousser dans cette circonstance la prétention du vendeur réclamant des intérêts. — Mais c'est là une question de fait, et ce que j'examine n'est qu'une question de droit. Or, en droit, est-ce par un capital, est-ce par une somme d'argent que l'on reconnaît habituellement le bénéfice du terme? Nullement; c'est par des intérêts. C'est là une vérité qui ne saurait être mise en doute dans le contrat de *mutuum*, et la même considération trouve sa place dans notre espèce.

Ma conclusion est donc que, dans tous les cas et

sans qu'il y ait à se préoccuper de la concession d'un terme pour le paiement du prix, l'acheteur d'un objet productif de fruits doit payer des intérêts à son vendeur.

45. Toutefois, M. Troplong, dont je viens de suivre l'opinion, apporte, sur la foi de Pothier, un tempérament à sa doctrine. Postérieurement à la vente, le vendeur, par son testament, accorde un délai à l'acheteur. Celui-ci serait par là dispensé de payer des intérêts aux héritiers de son vendeur. Le seul motif qu'en donne Pothier, et après lui M. Troplong, c'est que : « les dispositions testamentaires, qui renferment par leur nature une libéralité que le testateur veut faire à celui au profit de qui elles sont faites, doivent s'interpréter favorablement : *In testamentis plenius voluntates testantium interpretantur* (1). »

Je ne fais pas cette concession, et, sur le point particulier qui nous occupe, je m'en tiens à la solution que j'ai exprimée sur la question générale. Le testateur a voulu conférer un avantage à son acheteur. Mais le bénéfice du terme n'est-il pas à lui seul un avantage, et au fragment invoqué par Pothier ne pourrais-je pas opposer un autre fragment du Digeste : *Nummis indistincte legatis, hoc receptum est, ut exiguiores legati videantur* (2) ? La volonté du testateur

____

(1) L. 12, D., *De regulis juris.*

(2) L. 75, D., *De legatis,* 3°.—On peut rapprocher de ce texte la loi 39, § 6, D., *De legatis,* 1°., et la loi 12, § 2, D., *De usu et habitatione.*

est susceptible de deux sens. Je lui fais produire effet en l'interprétant de la façon qui me semble la moins préjudiciable à l'héritier.—Et quant au motif tiré de la loi 12, **D.**, *De reg. juris*, indépendamment de la trop grande généralité de ses expressions et de l'échec qui lui est fait par les lois que je viens d'indiquer, il ne me semble pas très-péremptoire. Il faut bien reconnaître que, sans témoigner de la répugnance pour les dispositions testamentaires, notre législateur est loin de les envisager avec la faveur tout exceptionnelle qui les entourait à Rome. Le testament doit donc être interprété par l'article 1652 et les héritiers du vendeur auront, comme leur auteur, le droit de réclamer des intérêts.

46. Dans l'ancien Droit, la crainte de l'usure avait suscité une autre question qui préoccupait les docteurs. Comme les intérêts étaient la représentation des fruits produits par l'objet vendu, si, pour une cause ou pour une autre, l'immeuble devenait stérile, l'acheteur pouvait-il se faire décharger de l'obligation de payer des intérêts? Et beaucoup répondaient affirmativement, assimilant l'acheteur au locataire (1). Rien de plus logique que cette solution, si l'on songe que le principe alors en vigueur était ainsi formulé par Perez : « *Venditor usuras pretii non soluti recipit usque ad quantitatem fructuum rei emptœ et traditœ* (2).

(1) Art. 1769 et suiv. Cod. Nap.

(2) Perezius, *Ad Codicem*, l. IV, t. XLIX, § 18 et 19, éd. de 1645, p. 211.

Les fruits perçus, telle était la mesure des intérêts dus par l'acheteur. Or, il était évident que, lorsque aucuns fruits n'avaient été perçus, l'acquéreur ne devait rien au vendeur.

Cependant, dès le temps de Fachinée, cette solution rencontrait déjà des contradicteurs, et plusieurs enseignaient que, même en l'absence de fruits produits par l'immeuble, l'acquéreur devait des intérêts. On argumentait en ce sens de la généralité des expressions de la loi 2, C., *De usuris,* qui ne se préoccupe pas du point de savoir si la chose a été ou non frugifère, et on en donnait pour raison : *quod ejusmodi usuræ propter perfidiam emptoris debeantur, quia, scilicet cum rem acceperit, non exequitur id quod debet et pretium non solvit* (1).

De ces deux solutions, il n'est pas douteux que la seconde seule peut être admise dans notre Droit. L'acquéreur perçoit tous les fruits, quelque considérables qu'ils soient, et le vendeur a droit seulement aux intérêts fixés par la loi. C'est une compensation à forfait que le législateur a établie; il n'a pas voulu de comptes entre le vendeur et l'acheteur. L'acquéreur est devenu propriétaire, et la chose est à ses risques et périls ; le vendeur, lui, est créancier d'une somme d'argent. La perception des fruits et le paiement des intérêts sont deux opérations distinctes, et l'acheteur ne serait pas admis à soutenir qu'elles doivent sans cesse marcher parallèlement. La chose est

(1) Fachinæus, *Controv. juris,* l. II, ch. xxxii, éd. de 1609, p. 232.

frugifère ; s'il y avait eu des fruits, l'acquéreur eût pu les percevoir : *Emptor habet facultatem fructus percipiendi. Hoc solum spectare debemus.* La loi 13, § 24, D., *De act. empti et vend.*, n'exigeait rien de plus pour que l'acheteur fût soumis au paiement des intérêts. Nous nous contenterons également de cette seule condition.

47. Les intérêts seraient donc dus par l'acheteur, lors même qu'il pourrait invoquer la disposition de l'art. 1653 : « Si l'acheteur est troublé ou a juste sujet de craindre d'être troublé par une action, soit hypothécaire, soit en revendication, il peut suspendre le paiement du prix jusqu'à ce que le vendeur ait fait cesser le trouble.... » Nous en dirions autant du cas où des saisies-arrêts auraient été pratiquées aux mains de l'acquéreur, et de celui où il devrait tenir son prix à la disposition des créanciers ayant hypothèque sur le bien vendu. — Dans l'ancien Droit, ce point avait été l'objet de quelques controverses, et, sous prétexte que le vendeur, qui aurait dû transmettre une propriété complètement libre à son acquéreur, manquait à ses engagements, on permettait à l'acheteur de se soustraire à l'exécution de ceux qu'il avait lui-même contractés (1). Mais ce système ne devait pas réussir. De ce qu'une partie échappe à ses obligations, il ne s'ensuit pas nécessairement que l'autre ait le droit de répudier les siennes. D'ail-

_____

(1) Fachinæus, *Controv. juris*, l. II, cap. xxxii, p. 233.

leurs, les motifs de l'art. 1652 trouvent encore, dans ce cas, leur application. L'acheteur peut tout à la fois percevoir les fruits : *habet facultatem fructus percipiendi*, et recueillir les avantages du prix. Pour que l'obligation de payer des intérêts cesse, il faut que l'acheteur ait consigné son prix.

Je trouve dans une loi romaine la confirmation de cette solution. Le jurisconsulte Paul suppose que le vendeur est mort après avoir mis l'acheteur en possession. On ignore quel est l'héritier du vendeur. L'acquéreur est donc dans l'impossibilité de se libérer, et cependant il devra payer des intérêts à cet héritier, lorsqu'il se fera connaître, à moins qu'il n'ait déposé judiciairement son prix : *Usuræ pretii, quod in causa depositi non fuit, præstabuntur* (1).

§ 3.

Intérêts moratoires.

48. L'acheteur doit enfin des intérêts, s'il a été sommé de payer : *Usuræ istæ debentur ob violatam contractus fidem.* L'acquéreur manque à ses engagements ; il doit une réparation à son vendeur, que « le retard empêche de jouir d'une somme dont il peut avoir le besoin le plus urgent (2). »

______

(1) L. 18, § 1, D., *De usuris et fructibus.* — Pour que la consignation fût valable et arrêtât le cours des intérêts, plusieurs conditions étaient requises. Voir, sur ce point, Perezius, *In Codicem*, l. IV, t. XXXII, n°. 30, éd. de 1645, p. 191.

(2) Discours du tribun Faure. — Locré, *Législ. civ.*, t. XIV, p. 200.

La loi a même cru devoir, dans ce cas, ne pas exiger une demande en justice comme le veut l'art. 1153. Elle se contente d'une simple sommation, aux termes de l'art. 1139. « La demeure est constatée par une sommation, et le jour où la sommation a été faite est celui depuis lequel les intérêts commencent à courir (1). »

49. Si l'acquéreur avait été mis en demeure de se saisir d'une chose frugifère, et qu'il différât d'en recevoir la livraison, je crois que des intérêts pourraient être exigés de lui, à compter de la demeure jusqu'au jour de la délivrance, sous la déduction toutefois des avantages que le vendeur aurait pu retirer de sa chose. Ici encore l'acquéreur est en faute. Son retard cause un préjudice au vendeur dont la chose ne donne que des produits inférieurs à ceux qu'il aurait pu recueillir du prix. Il lui doit une réparation qui consiste tout naturellement dans les intérêts du prix, suivant la disposition de l'art. 1153. — A compter du jour de la délivrance, les intérêts courent de plein droit, ainsi que nous l'avons vu en expliquant le second paragraphe de l'art. 1652.

SECTION III.

DES INTÉRÊTS EN MATIÈRE DE SOCIÉTÉ.

50. L'article 1846 renferme deux nouvelles dérogations à l'article 1153, puisqu'il fait courir de plein droit les intérêts :

_____

(1) Discours du tribun Faure.—Locré, _Législ. civ._, t. XIV, p. 200.

1°. Contre l'associé qui devait apporter une somme dans la société, et qui ne l'a point fait ;

2°. Contre l'associé qui prend des sommes dans la caisse sociale pour les faire tourner à son profit particulier.

§ 1er.

51. « L'associé, qui devait apporter une somme dans la société et qui ne l'a point fait, devient, de plein droit et sans demande, débiteur des intérêts de cette somme, à compter du jour où elle devait être payée. »

Notre article 1846 est sur ce point introductif d'un droit nouveau. A Rome, aucun texte ne faisait courir de plein droit les intérêts, *etiam mora non interveniente*, contre l'associé qui différait le versement de sa mise (1). Et, dans notre ancien Droit, Pothier décidait que « lorsque la chose qu'un associé a promis d'apporter en société est une somme d'argent, l'associé en doit les intérêts à la société du jour qu'il a été mis en demeure par ses associés de l'y apporter, de même que tout autre débiteur (2). »

Bien que les travaux préparatoires du Code gardent le silence sur les motifs qui ont déterminé les rédacteurs à introduire l'innovation formulée dans notre article, il est facile de les découvrir et de justifier notre disposition.

(1) L. 1, § 1, D., *De usuris.*—L. 60, pr. ; L. 67, § 1, D., *Pro socio.*
(2) Pothier, *Traité du contrat de société*, n°. 116, éd. Bugnet, t. IV, p. 284.

Le but de la société, tel que le législateur lui-même l'envisage, c'est de partager le bénéfice qui peut résulter de la mise en commun de certains biens (1) : *In societatibus fructus communicandi sunt* (2). Tout avantage produit par le fonds social doit être réparti entre les associés. Or, celui qui diffère de verser les capitaux par lui promis à la société, et qui en conserve pour lui seul tous les produits, fait échec à l'objet du contrat par lequel il s'est lié. Il n'est pas besoin de l'avertir que ses retards causent à l'association un préjudice. Le contrat lui-même renferme cet avertissement. Je dirais presque qu'il contient une mise en demeure spéciale. L'associé manque donc à la foi promise et il doit la réparation de sa faute.

On peut d'ailleurs se montrer, sans danger, plus rigoureux et plus sévère à l'encontre d'un associé qu'à l'encontre d'un débiteur ordinaire. On comprend, en effet, qu'un débiteur cède à l'empire de la nécessité ; qu'au moment de remplir des engagements qu'il a peut-être depuis long-temps souscrits, sans que l'avenir ait réalisé les espérances qu'il avait formées, il ne soit pas en mesure d'acquitter son obligation. La loi qui vient à son aide est une loi sage et bienveillante. On est souvent contraint d'emprunter. — Mais on n'est jamais obligé de souscrire un contrat de société, et celui qui croit devoir s'engager dans une pareille entreprise, sans consulter l'état actuel

(1) Art. 1832 Cod. Nap.
(2) L. 38, § 9, ID., *De usuris.*

de sa fortune et les ressources dont il dispose , est un imprudent qui ne mérite pas la sollicitude du législateur.

§ 2.

52. L'associé devient encore de plein droit, et sans demande, débiteur des intérêts « à l'égard des sommes qu'il a prises dans la caisse sociale, à compter du jour où il les en a tirées pour son profit particulier. » Le Code ne fait ici que reproduire les principes du Droit romain et de l'ancien Droit.

Voici en quels termes Papinien formulait la règle générale : *Socius si ideo condemnandus erit, quod pecuniam communem invaserit, vel in suos usus converterit, omnimodo, etiam morâ non interveniente, præstabuntur usuræ* (1).

La même question se rencontre, moins nettement résolue toutefois, dans les écrits de Paul (2) et de Pomponius (3). — Quelques jurisconsultes, prenant même à la lettre ces expressions de Paul : *Si unus ex sociis.... communem pecuniam fœneraverit... suo nomine, quoniam sortis periculum ad eum pertinuerit, usuras ipsum retinere oportet*, et les rapprochant de ces paroles de Pomponius : *Socium qui in eo, quod ex societate lucri faceret, reddendo moram adhibuit, cum*

____

(1) L. 1, § 1, D., *De usuris.*
(2) L. 67, § 1, D., *Pro socio.*
(3) L. 60, pr., D., *Pro socio.*

eâ pecuniâ usus sit, usuras quoque eum præstare debere,
ont voulu en conclure que l'associé ne devrait des
intérêts que dans le cas où il aurait directement
employé à son usage les fonds sociaux. S'il s'était
borné à les prêter en son nom propre, la société ne
pourrait rien lui demander. — Conséquence inadmis-
sible, lorsqu'on songe que la société est un contrat
de bonne foi et que la solution proposée est une flagrante iniquité ! Ce qu'il faut dire avec M. Molitor (1),
c'est que l'associé supportera les risques de l'opération qu'il a faite, et qu'il en percevra les intérêts.
Mais il devra à la société la réparation de tout le
préjudice qu'il lui aura causé. Les jurisconsultes romains ont prévu l'hypothèse la plus ordinaire, ne
pourrait-on pas dire même celle qui comprend toutes
les autres (2) ? Les trois lois que nous avons citées ne
sauraient être séparées lorsqu'il s'agit de leur interprétation.

Mais nous pourrions signaler, entre Papinien et
Pomponius, une autre contrariété de doctrine qui
nous paraît plus sérieuse et plus délicate. D'après
Papinien, *usuræ præstabuntur etiam morâ non interveniente.* D'après Pomponius, *si socius moram non fecerit,
usuras non præstare debet.* — Pothier, qui a entrevu
cette difficulté, se borne à dire qu'il est question de
deux hypothèses différentes. Papinien prévoit la

---

(1) *Les obligations en Droit romain,* t. II, p. 304, n°. 651.
(2) Pothier, *Pandectæ Justinianeæ,* l. XVII, t. II, n°. 42, note A, éd.
1748, t. I, p. 440.

combinaison qui nous occupe, celle du second paragraphe de l'art. 1846, tandis que Pomponius traite du cas où l'associé diffère le versement de sa mise : *quum socius moram fecit in conferenda pecunia quam conferre tenetur* (1). — Cette explication ne me paraît pas très-exacte. Pomponius suppose *lucrum ex societate factum.* Or, jusqu'au moment où la somme promise par l'associé a été versée dans la caisse sociale, peut-on dire qu'elle fasse partie de la société? — Toutefois, je dois reconnaître que, malgré l'affirmation de Justinien : *contrarium aliquid in hoc Codice positum non invenitur, si quis subtili animo diversitatis rationes excutiet* (2), je n'aperçois, pour ma part, aucune conciliation de nos textes, et je me borne à constater mes préférences pour la solution de Papinien. — L'opinion de Pothier, si elle est admise, ne fera que confirmer ce que nous avons dit de la théorie romaine, sur le point qui fait l'objet du premier paragraphe de l'art. 1846.

Dans notre ancien Droit français, Pothier admit le système de Papinien (3) : « Si l'un des associés a tiré de la caisse de la société quelque somme d'argent, pour l'employer à ses affaires particulières..., il en doit les intérêts, suivant la loi 1, § 1, D., *De usuris.* »

C'est qu'en effet, tous les bénéfices que produit le fonds social doivent appartenir à la société. L'un des

---

(1) *Pandectæ Justinianeæ*, loc. cit., n°. 44.
(2) Præfationes Digestorum, *De confirmatione Digestorum*, § 15.
(3) *Traité de la société*, n°s. 118 et 119.

associés, en employant une partie de ce capital à son propre usage, cause à l'association un préjudice : il fait tourner à son profit personnel et exclusif ce qui devait directement entrer dans les caisses de la société. — Mais alors même qu'il n'en aurait retiré aucun avantage, alors même qu'il aurait gardé des capitaux improductifs, dès là qu'il les a pris à la société, il en doit l'intérêt, parce que la loi présume que la société les eût fait fructifier. La société n'est tenue de prouver qu'une chose, c'est que l'associé a puisé dans les coffres de la société (1).

53. On comprend toutefois que la règle que nous venons de poser ne peut recevoir son application, lorsqu'il s'agit non plus d'un simple associé, mais d'un associé administrateur. La présomption doit être alors que les sommes prises dans la caisse sociale ont été utilisées dans l'intérêt de la société. Ceux des sociétaires qui voudront le rendre responsable et le faire condamner au paiement des intérêts devront établir, non-seulement qu'il a puisé à même l'actif de la société, mais encore que les deniers sociaux ont été employés pour l'utilité seule de l'associé, et les intérêts ne courront qu'à compter de cet emploi. L'associé est plutôt alors un mandataire qu'un simple associé, et c'est l'art. 1996 qu'il faudra lui appliquer.

54. Il arrive fréquemment que le pacte social ren-

(1) V. sur les conditions de cette preuve : Pau, 10 décembre 1860. — *Moniteur des Tribunaux*, 1861, Jurispr. générale, p. xxv, n°. 238.

ferme la clause suivante : Jusqu'à la réalisation de bénéfices, une somme de.... sera prélevée chaque année sur le capital pour servir des intérêts aux associés qui ont versé leurs fonds. L'article 1846 devra-t-il alors recevoir son application, et les associés seront-ils tenus de payer à la société l'intérêt des sommes qu'ils auront ainsi reçues ?

Il importe d'abord de bien s'entendre sur la validité de cette stipulation. Quelques auteurs l'ont regardée comme illicite, et le Conseil d'État lui-même a pendant long-temps résisté à l'introduction de pareilles conventions dans les actes de société. Elles sont contraires, dit-on, à l'article 1845 du Code Napoléon qui veut que chaque associé verse dans la masse sociale tout ce qu'il a promis d'y apporter, tandis que, dans l'opinion adverse, il n'apportera, en définitive, qu'une portion de sa mise. Elles sont contraires à l'article 26, Cod. com., qui veut que l'associé commanditaire soit tenu jusqu'à concurrence des fonds qu'il a mis ou dû mettre dans la société, puisque leur résultat sera d'enlever aux tiers une portion de cette mise. Elles sont irrationnelles ; l'intérêt n'est pas autre chose qu'un bénéfice, un fruit de la mise. Or, nul n'admet la répartition de dividendes, s'il n'y a pas de bénéfices réalisés, et la loi de 1856, sur les sociétés en commandite, punit même d'une peine correctionnelle une distribution de dividendes dans ces circonstances. On pourra donc facilement arriver à transgresser la loi, puisqu'il suffira de modifier les noms et d'appeler intérêt ce qui sera dividende. Elles

sont dérisoires; dès là que les intérêts seront nécessairement pris sur le capital, n'est-il pas ridicule
de voir l'associé verser en quelque sorte d'une main
ce que, dans quelques jours, son autre main viendra
ressaisir? Elles sont enfin un piége pour les tiers qui
ont été autorisés, par la publication des extraits indi-
quant le chiffre social, à croire que le capital indiqué
serait employé tout entier au paiement des dettes de
la société.

Ce système, qui a rencontré dans M. Delangle un
très-chaleureux défenseur (1), n'a cependant pas
triomphé et on doit s'en réjouir. S'il eût prévalu
dans la pratique, et si le gouvernement n'eut passé
outre les résistances du Conseil d'État, un grand
nombre d'opérations industrielles, qui sont aujourd'hui
en pleine prospérité, attendraient encore vainement
les capitaux indispensables à leur naissance et à leur
développement. Celui qui confie ses fonds à une compagnie ou à une société reculerait fréquemment, s'il
était condamné à voir pendant de longues années ses
capitaux improductifs et ses ressources paralysées.
Confiant dans le succès de l'entreprise, il préfère
recevoir annuellement une certaine somme à titre
d'intérêts, encore bien qu'il sache qu'elle est prise
aux dépens du capital social, et qu'il doive plus tard,
si la société est obligée de se liquider avant l'heure,
ne retrouver qu'une minime portion du capital versé.
Il compte sur l'avenir; il espère qu'un jour les opé-

(1) *Des sociétés commerciales*, t. Ier., n°s. 365 et suiv.

rations brillantes de la société, dans laquelle il engage sa fortune, permettront d'abord de rétablir le capital amoindri par des distributions anticipées d'intérêts, et de faire face en outre à de nouvelles distributions de bénéfices et à des dividendes avantageux. L'intérêt des associés est donc manifeste.

Est-ce à dire que les art. 1845, C. N. et 26 C. com. seront violés, et que les intérêts de la société et des tiers seront compromis? — La société n'éprouvera aucun préjudice; elle s'est fait sa loi à elle-même; elle a su qu'en définitive elle ne conserverait qu'une portion de la mise des associés. — Et, quant aux tiers qui ont contracté avec la société, en se faisant représenter l'acte social, ils ont pu apprécier la situation et voir que, par un circuit qui n'a rien d'illicite, une partie de l'actif social serait à des époques périodiques, placée en dehors de leur droit de poursuite.

Il n'est pas d'ailleurs exact de soutenir que l'intérêt ne soit qu'un bénéfice, un fruit de la mise et doive être complètement assimilé aux dividendes. L'emprunteur serait-il admis à refuser le paiement des intérêts qu'il doit à son prêteur, en soutenant qu'il n'a pu retirer aucuns produits de la somme qui lui a été remise? — On dit bien, à la vérité, que le contrat de société ne doit pas être confondu avec le contrat de prêt. Je consens à admettre que des règles tout-à-fait différentes régissent l'une et l'autre de ces conventions, tout en persistant à croire que celui qui verse ses deniers dans le fonds social, joue, dans une certaine mesure et vis-à-vis de la société, le rôle de prêteur.

Mais ce que je tiens seulement à constater, c'est qu'en l'absence même de bénéfices, des intérêts peuvent et doivent quelquefois être payés, à la différence des dividendes qui sont toujours pris sur les bénéfices.

La jurisprudence a eu à faire l'application de cette distinction à l'occasion de la loi sur les commandites, et la Cour de Paris a récemment jugé « que la loi du 17 juillet 1856, qui prohibe la répartition des dividendes faussement représentés comme acquis, n'étend pas cette prohibition aux intérêts promis par le pacte social et distribués aux actionnaires par le gérant... (1). »

Il ne faut donc pas hésiter à déclarer valables de semblables clauses ; et, ce point une fois admis, n'est-il pas évident que les sommes prises par les associés, à titre d'intérêts, aux dépens de l'actif social, ne constituent pas un prélèvement dans les termes de l'art. 1846, produisant intérêt de plein droit contre l'associé au profit de la société? L'associé a reçu ce qui lui était dû ; il était créancier de la société et le paiement qu'il a reçu n'a pu le constituer débiteur. On ne peut dès-lors l'obliger à payer des intérêts à compter du jour où la somme lui a été versée.

55. La règle de l'art. 1846 doit encore, par la force même des choses, subir une certaine exception,

____

(1) 18 août 1860. Ch. corr. *Moniteur des Tribunaux*, 1860, p. 85 et 564.

lorsqu'il s'agit, non pas d'une société particulière, mais d'une société universelle de tous biens présents et de gains. Dans ce cas, la société, encaissant tous les revenus et tous les produits des biens des associés, les sommes qu'un associé prendra dans une sage mesure, pour faire face à ses dépenses personnelles et à celles de sa famille, ne devront pas produire intérêt. Elles devront s'imputer seulement sur la part qui reviendra à l'associé lors de la liquidation. « Dans les sociétés universelles dans lesquelles tombent tous les revenus des biens de chacun des associés..., les intérêts des sommes que l'un des associés a prises dans la caisse commune, pour ses affaires particulières, ne commencent à courir que du jour de la dissolution de la communauté : tant qu'elle dure, il se fait une confusion de ces intérêts, qui sont une charge des revenus des biens de cet associé, qui tombent dans la communauté (1). »

Ce système d'imputation, qui est tout à la fois équitable et conforme aux idées que l'on doit se faire du contrat de société dans lequel une égalité proportionnelle et mathématique doit, autant que possible, régner entre les parties : *iniquum est ex eadem societate alium plus, alium minus consequi* (2), **M.** Troplong l'accepte pour les sociétés universelles de biens présents ; mais, lorsqu'il s'agit de sociétés universelles de gains, non-seulement il n'applique pas l'article 1846,

(1) Pothier, *Traité du contrat de société*, n°. 119.
(2) L. 63, § 5, D., *Pro socio.*

mais il veut même que la caisse sociale soit grevée de l'obligation de supporter définitivement toutes les dépenses d'entretien et de nourriture des associés, de leurs femmes et de leurs enfants, jusqu'aux frais d'éducation de ces derniers, sans qu'il faille distinguer entre ceux des associés qui consomment plus et ceux qui consomment moins, entre ceux qui ont une nombreuse famille et ceux qui n'en ont pas (1).

M. Duvergier me paraît avoir complètement réfuté cette distinction (2). Pourquoi celui dont la famille est nombreuse viendrait-il prendre dans la masse des produits une somme plus considérable que celui qui vit seul et à peu de frais et qui peut-être rend de plus grands services à l'association? Comment d'ailleurs établir des moyens de contrôle pour s'assurer que l'associé ne conserve pas des ressources personnelles, des valeurs mobilières, dont il capitalise chaque année le revenu, pendant que la caisse sociale fournit à toutes ses dépenses? Comment vérifier si l'associé ne prend pas au-delà de ses besoins? Le moyen auquel nous nous rattachons, ces prélèvements sans intérêts imputables sur la part qui doit revenir à l'associé, nous paraissent de nature à sauvegarder tous les droits, à garantir tous les intérêts, à maintenir enfin une parfaite égalité entre tous les associés.

Les questions que nous examinons ne se présenteront d'ailleurs que bien rarement. Les sociétés uni-

(1) *Commentaire de la société*, n°°. 281 et 297.

(2) Continuation du *Droit civil de Toullier*, t. V, n°°. 100 et 112.

verselles sont peu fréquentes dans la pratique, et, s'il s'en rencontre, il n'est pas vraisemblable que les parties négligent de régler par des clauses spéciales la situation qu'elles entendent respectivement avoir. Mais si la question était soulevée, je crois que la solution donnée par Pothier devrait triompher. Les règles générales sur le partage des bénéfices sociaux ne sont pas modifiées. L'article 1846 seul cesse momentanément de recevoir son exécution.

56. Les mêmes règles devraient être appliquées, lorsque l'acte social contient une clause autorisant les associés à prélever, avant tout compte, une somme annuelle pour leurs besoins particuliers.

57. L'art. 1846 ajoute que, dans les deux cas par lui prévus, si le retard ou la faute de l'associé a causé à la société un préjudice tel que les intérêts légaux ne soient pas suffisants pour indemniser la société du dommage par elle éprouvé, l'associé pourra, s'il y a lieu, être condamné à de plus amples dommages et intérêts. La loi romaine disait déjà : *Non quasi usuras, sed quod socii intersit, moram eum non adhibuisse* (1).

____

(1) L. 60, Pr. D., *Pro socio.*

SECTION IV.

DES INTÉRÊTS DANS LE CONTRAT DE DÉPÔT.

58. L'art. 1936 nous déclare que le dépositaire « ne doit aucun intérêt de l'argent déposé, si ce n'est du jour où il a été mis en demeure de faire la restitution. »

Les jurisconsultes romains s'étaient posé la question que nos législateurs ont ainsi résolue; mais la réponse qu'ils ont faite offre si peu de clarté que les interprètes sont encore loin de s'accorder, aujourd'hui, sur le sens à donner à plusieurs de leurs textes.

Les uns, comme Dumoulin, Doneau et, de nos jours, M. le président Troplong (1), pensent que le dépositaire qui s'est servi du dépôt est redevable de plein droit des intérêts, à partir de l'emploi. Dumoulin en donne cette raison, que le dépositaire, qui par l'*actio furti* pouvait être condamné *in duplum*, devait s'estimer heureux de n'être l'objet que d'une demande en dommages et intérêts: *gratulari quod minus cum eo agitur... quod actor graviorem actionem amittit, ad commodum depositarii* (2). Ce motif était emprunté par lui à la l. 3, C., *Depositi: Cum tibi debeat gratulari quod furti eum actione non facias obnoxium.*

____

(1) Dumoulin, *De usuris*, nᵒˢ. 626 et 627. — Doneau, *ad L.* 3 C., *Depos.* — Troplong, *Du Dépôt*, nᵒ. 104.

(2) Dumoulin, *loc. cit.*

D'autres, s'appuyant sur cette disposition générale : *Usuræ, in depositi actione, sicut in cœteris bonæ fidei judiciis, ex mora venire solent* (1), pensent que le dépositaire ne doit les intérêts que du jour où il a été mis en demeure et non pas du jour de l'emploi.

La vérité me paraît être dans un troisième système qui fait la part de chacun de ceux qui précèdent, et qui concilie des textes en apparence contradictoires.

Si l'argent a été déposé dans un sac cacheté , *si sacculum signatum deposuero ,* et que le dépositaire, manquant à tous ses devoirs, brise le cachet et emploie les deniers à son usage, la loi romaine le traite comme un voleur. Le déposant peut agir contre lui par l'*actio furti.* Or, le voleur est toujours en demeure de restituer la chose volée : *Semper moram fur facere videtur* (2). On peut alors condamner le dépositaire au paiement des intérêts à compter du jour du vol (3).

Mais on peut supposer que la somme d'argent a été remise au dépositaire, *non obsignata ,* ou même avec cette clause que le dépositaire *redderet tantumdem , non idem ;* dans ces deux cas, les intérêts ne seront dus qu'à partir d'une mise en demeure.

Si les deniers ont été remis *non obsignati ,* la loi voit là, en quelque sorte, une permission tacite, donnée au dépositaire, d'employer l'argent du dépo-

---

(1) L. 2 , C., *Depositi.*

(2) L. 8 , § 1, D., *De condictione furtiva.*

(3) L. 29, Pr. D., *Depositi vel contra.*

sant, à la charge par lui de tenir toujours à sa disposition une somme d'une valeur égale. Ce n'est donc qu'au jour de la réclamation du dépôt que le dépositaire, qui ne peut remplir ses engagements, est véritablement en faute et qu'on peut exiger de lui des intérêts. La présomption est, jusque-là, qu'il a rendu un service au déposant, et on ne doit pas le traiter avec une excessive sévérité ; *Contrà bonam fidem et depositi naturam est usuras ab eo desiderare temporis ante moram, qui beneficium in suscipienda pecunia dedit* (1).

Il se peut, toutefois, que la somme ait été déposée, non plus seulement *non obsignata*, mais avec cette convention formelle, *ut tantumdem, non eadem pecunia redderetur*. En effet, cette convention *egreditur depositi notissimos terminos*. On aurait pu voir là un véritable *mutuum*, un contrat *stricti juris*, et non plus un contrat *bonæ fidei;* un contrat qui ne pouvait produire d'intérêts, même *post moram.*—Néanmoins, Papinien, qui expose ces doutes, ne s'y arrête pas ; il donne au déposant *l'actio depositi* et permet au juge d'accorder des intérêts *ex mora,* comme dans tous les autres contrats de bonne foi (2).

Il est à peine besoin de faire remarquer, avec Papinien, que, si les parties, lors du dépôt, avaient fait

***

(1) L. 24, D., *Depositi vel contra.* — L. 2, C., *Depositi vel contra.*

(2) L. 24 ; L. 25, § 1 ; L. 29, § 1, D., *Depositi vel contra.* — Sur le dépôt irrégulier, consulter M. Pellat, *Textes choisis des Pandectes*, 1859, p. 59 et suiv.

entre elles une convention portant que le dépositaire
paierait des intérêts, cette convention devrait être
respectée : *Si ab initio de usuris præstandis convenit,
lex contractus servabitur* (1). C'est la conséquence des
principes que nous venons d'exposer. Le contrat de
dépôt, quoique irrégulier, reste un contrat de bonne
foi et n'est pas converti en *mutuum*. Pour que cette
conversion s'opère, il faut que telle soit la volonté
des parties (2). Or, un simple pacte, ajouté *in continenti* dans les contrats de bonne foi, produit tous les
effets de la stipulation indispensable dans les contrats *stricti juris* (3).

Dans les cas où le déposant peut réclamer des intérêts, s'il a d'abord agi par l'*actio depositi* pour obtenir le principal, il ne peut, plus tard, former une
nouvelle demande tendant au paiement des intérêts
sans se voir repoussé par une exception de chose ju-
gée. La loi ne lui accorde qu'une seule action, et, lorsqu'il l'a mise en mouvement, son droit est épuisé (4).

Sous l'empire de notre ancienne législation, Pothier,
auquel les rédacteurs du Code ont emprunté l'article 1936, se borne à dire que : « le dépositaire,

(1) L. 24, D., *Depositi vel contra.*

(2) Rapprocher les lois 9, § 9, D., *De rebus creditis.*—10, *eod.
tit.*—1, § 34, D., *Depositi.* — Paul, *Sentent.*, l. II, t. XII, § 9. —
M. Pellat, *Textes choisis*, p. 74 et suiv.

(3) Molitor, *Les obligations en Droit romain*, n°. 846, t. III,
p. 6.

(4) L. 4, C., *Depositi vel contra.* — Molitor, *loc. cit.*, n°. 825,
t. III, p. 13.

tant qu'il n'a pas été mis en demeure de rendre la somme d'argent donnée en dépôt, n'en doit aucuns intérêts; car, non-seulement il n'en a pas perçu, mais il n'a pu en percevoir, ne lui ayant pas été permis de toucher à cette somme. Mais, depuis qu'il a été mis en demeure de rendre cette somme, il en doit les intérêts (1). »

59. L'article 1936 déclare, avons-nous dit, que le dépositaire ne doit aucun intérêt de l'argent déposé, si ce n'est du jour qu'il a été mis en demeure d'en faire la restitution. Le dépositaire ne pouvant se servir des sommes déposées, il serait injuste de lui en faire payer l'intérêt. Il rend d'ailleurs un service au déposant, et ce service lui causerait un très-grand préjudice s'il était tenu de remettre, non-seulement la chose déposée, mais encore les intérêts de cette chose.

Mais, si l'on peut établir contre lui qu'il s'est servi des sommes déposées, en devra-t-il l'intérêt depuis le jour de l'emploi jusqu'au jour de la mise en demeure?

L'affirmative compte encore aujourd'hui de nombreux partisans. On invoque surtout en ce sens l'ancienne maxime de Doneau : *Is qui pecuniam in suos usus convertit, hoc ipso moram facit ut non sit necessaria alia mora* (2). Et la preuve, dit-on, que telle est la pensée de notre Droit français, se puise dans l'ar-

---

(1) *Traité du contrat de dépôt*, n°. 48. Ed. Bugnet, t. V, p. 141.
(2) Doneau, sur la loi 3, C., *Depositi.*

ticle 1302: « De quelque manière que la chose volée ait péri ou ait été perdue, sa perte ne dispense pas celui qui l'a soustraite de la restitution du prix. » C'est donc que le voleur est toujours en demeure de restituer, et le dépositaire infidèle doit être assimilé au voleur. — La situation, d'ailleurs, est-elle donc si favorable qu'on doive le traiter moins rigoureusement qu'un associé ou un mandataire, contre lesquels les art. 1846 et 1996 font courir les intérêts de plein droit, lorsqu'ils se sont servis des sommes d'argent appartenant à la société et au mandant? Il y a au moins parité de motifs, et la solution des art. 1846 et 1996 doit être généralisée et appliquée au contrat de dépôt (1).

M. Troplong tempère toutefois cette doctrine, en observant que « l'on fera bien de consulter les circonstances pour savoir si, par une interprétation favorable sans être forcée, il ne serait pas possible de supposer un consentement probable du déposant à l'usage de la chose déposée. »

Pour ma part, je crois qu'en principe la solution contraire doit prévaloir, et, à l'argumentation que nous venons d'exposer, je ferai plusieurs réponses.

Je crois avoir établi qu'en Droit romain la règle générale était que le dépositaire de sommes d'argent, celui qui n'avait pas reçu *corpus ipsum obsignatum*, celui qui ne s'était pas rendu coupable d'un *furtum*,

(1) Troplong, *Du dépôt et du séquestre*, nᵘ. 104. — Delvincourt, t. III, p. 432. — Duranton, t. XVIII. n°. 53.

ne devait les intérêts que *ex mora*. Nous avons rencontré la même idée dans Pothier, et enfin notre art. 1936 déclare que le dépositaire ne doit aucun intérêt de l'argent déposé que du jour où il a été mis en demeure. — Et c'est en présence de ce texte et de ces précédents que l'on veut faire courir de plein droit les intérêts ! La règle générale est écrite dans l'art. 1153 , et, en l'absence d'une mise en demeure, les intérêts ne peuvent courir qu'en vertu d'une disposition expresse de la loi. Or, cette disposition, que nous rencontrons à la vérité en matière de société et de mandat, le législateur ne l'a pas édictée pour le cas de dépot; et la distinction qu'il a faite entre ces divers contrats est fondée en raison.

L'associé et le mandataire manquent à leurs devoirs d'associé et de mandataire, lorsqu'ils emploient à leur profit les deniers de la société et du mandant, au lieu de les faire fructifier pour le compte de la société et du mandant. Ils privent donc ceux-ci d'un bénéfice. — Sans doute, le dépositaire commet une faute en usant des sommes que le déposant lui a confiées. Le profit qu'il retire de son acte est même, si on le veut, un profit illicite. Mais, en fin de compte, il n'enlève pas au déposant un avantage qu'il eût dû lui procurer. Les sommes devaient rester improductives entre ses mains, tandis que l'associé et le mandataire doivent utiliser les fonds de la société et du mandant. — On s'explique donc que le législateur ait cru devoir faire une différence entre ces deux hypothèses.

On invoque encore l'art. 1302. — Mais, sans nous expliquer, sur le point de savoir si, même appliquée au voleur, la disposition de cet article est aussi générale et aussi absolue qu'elle semble l'être, il nous suffit de remarquer qu'elle est tout-à-fait exceptionnelle et qu'elle ne s'occupe que du voleur. Or, notre Code pénal, à la différence de la loi romaine, qui accordait au déposant l'*actio furti*, ne classe pas le détournement de dépôt parmi les vols ; il voit là seulement un abus de confiance donnant passage à des pénalités spéciales (1). On ne saurait donc se prévaloir de l'art. 1302.

Aussi ma conclusion serait que le déposant pourra, s'il le juge convenable, provoquer la mise en mouvement de l'action publique, dans les termes de l'art. 408, Code pénal ; mais qu'il ne sera pas admis à réclamer des intérêts de plein droit.

60. Que faudrait-il décider, si le dépositaire, au lieu d'employer les deniers du déposant à son propre usage, les avait prêtés en son nom à des tiers, et en avait perçu l'intérêt ? Le déposant aurait-il le droit d'exiger que le dépositaire lui tînt compte des avantages qu'il aurait ainsi retirés du dépôt ?

J'emprunte à un vieil auteur un exemple devenu classique : Un seigneur avait déposé chez un notaire quatre cent mille francs, et le maître-clerc était chargé de la garde de ce dépôt. Un financier s'adressa au clerc et lui promit, s'il pouvait lui procurer, dans

____

(1) Art. 408 , Code pénal.

les vingt-quatre heures, quatre cent mille francs, de les lui rendre dans le délai d'un mois avec une prime de cent mille francs. Le maître-clerc accepta sa proposition, lui remit les sommes déposées par le seigneur, et, à l'époque fixée pour le remboursement, reçut les cinq cent mille francs. — Le seigneur pouvait-il réclamer la prime? ou bien était-elle acquise au maître-clerc (1)?

Suivant certains auteurs, notamment Balde et Dèce, tout ce que l'on acquiert avec l'argent d'autrui appartient au propriétaire de l'argent. Le déposant pouvait donc exiger les cent mille francs. Telle était, dit-on, l'opinion des jurisconsultes romains, qui, dans une hypothèse analogue, permettaient au *creditor* d'exiger, non pas seulement *eas usuras quibus aliis ipse fœnerasset*, mais bien *maximas usuras* (2).

Ce système compte encore aujourd'hui de nombreux défenseurs, qui invoquent en ce sens tout à la fois la morale, l'équité et les principes du Droit.—La morale, qui ne permet pas que le dépositaire, l'homme qui a enfreint la foi sacrée du dépôt, puisse recueillir le fruit de son infidélité. Autrement on encouragerait la cupidité et on offrirait un aliment à la déloyauté intéressée. — L'équité, qui se traduit dans cet adage : *Commoda cujusque rei eum sequi, quem sequuntur incommoda* (3), grand axiôme de droit na-

____

(1) Aublet de Maubuy, *Traité du dépôt*, p. 41.
(2) L. 38, D., *De negotiis gestis.*
(3) L. 10, D., *De regulis juris.*

turel : *Secundum naturam est !* Le déposant a couru
le risque de perdre la somme déposée. Si le financier,
au lieu de remplir ses engagements, était tombé en
déconfiture, le déposant, à la place de son argent,
n'eût retrouvé qu'un recours illusoire contre un débiteur insolvable. Les dangers ont été pour lui; il est
juste qu'il recueille les avantages. En vain le dépositaire demanderait à soutenir que, lui aussi, il a couru
des risques; il ne devait pas en courir, et, s'il s'est
exposé au danger, c'est par un fait délictueux dont il
ne peut se prévaloir. En vain encore il essaierait
d'établir que les cent mille francs sont le produit de
son industrie. Peut-on appeler de ce nom un acte
illicite et qui tombe sous l'application de la loi pénale?
—Enfin, les principes du Droit : *Jure naturæ æquum
est neminem cum alterius detrimento et injuria fieri
locupletiorem...* (1). *Nemo ex delicto suo consequi potest emolumentum.* Or, la violation d'un dépôt est
rangée par le législateur parmi les faits punissables,
parmi les délits. Donc le dépositaire doit restituer le
dépôt et les produits illicites qu'il en a retirés.

On peut ajouter, et c'est le développement de
l'idée des vieux glossateurs, que le dépositaire, qui
s'est servi du dépôt, doit être réputé, de plein droit,
avoir agi comme un *negotiorum gestor,* et que le déposant peut l'actionner, pour obtenir les fruits de
l'opération faite par lui, en ayant recours à l'*actio
negotiorum gestorum* (2).

(1) L. 206, D., *De regulis juris.*
(2) Dalloz, *Répertoire,* v°. Dépôt, n°. 80.

Cette opinion a trouvé des contradicteurs. Sous l'ancien Droit, Aublet de Maubuy et Dumoulin (1), et sous notre Droit moderne, M. Duvergier (2), et M. Troplong (3) l'ont vigoureusement attaquée, suivant nous, avec raison.

Écartons d'abord l'argument puisé dans la loi 38 D., *De negotiis gestis*. Nous ne sommes pas en face d'un quasi-contrat de gestion d'affaires. Pour que la *negotiorum gestio* existe, il faut « que la personne qui a géré ait agi dans l'intention d'être utile à l'autre, avec la volonté de l'obliger, et qu'elle ait agi utilement (4). » Or, le dépositaire a-t-il administré avec le désir de rendre un service au déposant? Non, évidemment. Il a agi dans son intérêt et pour son propre compte. Il n'y a donc pas gestion d'affaires (5).

Que reste-t-il donc? Notre article 1936. Le dépo-

---

(1) *De usuris*, quæstio 83, n°. 628.

(2) *Le Droit civil expliqué*, t. VI, n°. 471.

(3) *Commentaire du dépôt*, n°. 105.

(4) Molitor, *Les Obligations en Droit romain*, n°. 763, t. II, p. 436.

(5) Je trouve cependant une constitution insérée dans le Code, par laquelle l'empereur accorde, pour une hypothèse voisine, l'*actio mandati seu negotiorum gestorum* (L. 8, C., *De rei vindicatione*). — Mais, indépendamment de la contradiction qui existe entre cette loi et la loi 6, C., *eod. tit.*, il ne faut pas oublier que, dans l'espèce soumise à l'empereur, le dépositaire avait employé en acquisitions le capital même déposé et n'avait pas d'autres deniers pour rembourser le déposant. Or, ce serait donner à la mauvaise foi de trop grandes facilités, que de tolérer de semblables opérations et de permettre au dépositaire de s'enrichir ainsi aux dépens de l'homme qui a mis en lui sa confiance. — La conciliation de la loi 6 et de la loi 8 résulte de nos explications.

sitaire ne doit des intérêts que du jour où il a été mis en demeure de restituer. Dès là qu'il obéit à la sommation qui lui est faite, il remplit ses engagements. Sans doute, le détournement momentané du dépôt est une action coupable que la loi a prévue et qu'elle punit, et les tribunaux correctionnels pourront être appelés à en apprécier la moralité. Mais le déposant n'éprouve aucune perte: son argent devait rester improductif entre les mains du dépositaire. Celui-ci s'est donc enrichi sans que le déposant ressentît un préjudice.

A cette réponse, que nous opposons aux prétendus arguments d'équité et de principe invoqués contre nous, ne pouvons-nous pas ajouter, avec Dumoulin, que le produit retiré par le dépositaire de l'argent qui lui a été confié n'est pas un fruit de l'argent, mais bien le résultat de son travail, de son industrie, de sa spéculation: *Id non est fructus pecuniœ, sed negotiationis et industriœ, et sic non debet deponenti restitui, quia satis est quod non faciat damnum, nec debet de alieno dato negotiari?*

Telle est aussi l'idée qui me paraît ressortir de la loi 6, C., *De rei vindicatione.* Le dépositaire a acquis un immeuble avec mon argent, et ce ne sont plus mes deniers qui me sont représentés au moment de la restitution du dépôt. Mais l'immeuble me convient, et j'en demande la délivrance. L'empereur déclare que ma réclamation est injuste : *injuriosum est !* Il suffit que je n'éprouve pas de préjudice; et le dépositaire conservera le bien qu'il a acheté.

C'est qu'en effet tout ce qu'on acquiert par une voie illicite n'est pas sujet à restitution. Les théologiens reconnaissent que l'usurier, qui a fait des bénéfices avec l'argent provenant de l'usure, n'est pas tenu de les rendre à la victime qu'il a dépouillée (1).

Nous laisserons donc au dépositaire le bénéfice qu'il a retiré de ses spéculations. Ce n'est pas le seul fait de la violation du dépôt qui l'enrichit; c'est son travail et son industrie, illicites si on le veut, qui lui ont procuré un avantage, que nous ne pouvons, par une autre mesure illicite, lui ravir et lui arracher.

Vainement on argumenterait, contre notre solution, des premières expressions de l'art. 1936 : « Si la chose déposée a produit des fruits qui aient été perçus par le dépositaire, il est obligé de les restituer. » — Il ne s'agit pas, nous l'avons dit, d'un produit de la chose; et, de plus, la situation n'est pas la même. En remettant au dépositaire une chose frugifère, le déposant a pu penser que le dépositaire en recueillerait les fruits; et, comme les donations ne se présument pas, la loi a cru qu'il entendait se les réserver. Eh bien! cependant, il ne suffit pas encore que la chose ait produit des fruits pour que le dépositaire soit tenu d'en opérer la restitution; il faut qu'il les ait perçus. S'il ne les a pas recueillis, s'il les a laissés

____

(1) S. Thomas, *Summa theologica*, 2ª. 2ᵃᵉ., quæstio 78, art. 3, éd. 1570, t. XI, 2ᵉ. partie, fᵒ. 581, rᵒ. — M. Troplong cite, en ce sens, la loi 17, C., *De pignoribus*, qui se borne à dire que la chose achetée avec mon argent n'est pas par cela seul affectée à la garantie de ma créance.

dépérir sans en retirer aucun avantage, il n'est pas obligé. — Mais, lorsqu'il s'agit d'une somme d'argent, le déposant n'a pu compter sur aucuns bénéfices : son argent devait être stérile, et on ne saurait l'admettre à se plaindre d'un préjudice le jour où, lorsqu'il manifeste l'intention d'employer de nouveau ses deniers à ses affaires, le dépositaire obéit immédiatement à sa réclamation et lui restitue le dépôt.

61. Que faut-il pour constituer la demeure dont parle l'art. 1936 ? — Tout le monde s'accorde à reconnaître qu'une simple sommation suffit. L'art. 1139 dit, en effet, d'une manière générale, qu'un débiteur est constitué en demeure par une sommation ou autre acte équivalent. Sans doute, l'art. 1153 déclare que les dommages et intérêts ne sont dus que du jour de la demande, lorsqu'il s'agit d'une obligation de sommes d'argent. Mais le dépositaire peut, dans une certaine mesure, être considéré comme débiteur d'un corps certain (1); et, d'un autre côté, la situation du déposant est éminemment digne de faveur, puisque le dépôt doit toujours lui être remis aussitôt qu'il le réclame, alors même que le contrat aurait fixé un délai déterminé pour la restitution (2).

(1) Art. 1932, Cod. Nap.
(2) Art. 1944, Cod. Nap.

SECTION V.

DES INTÉRÊTS DANS LE CONTRAT DE MANDAT.

62. Nous rencontrons, dans les art. 1996 et 2001 du Code Napoléon, deux véritables exceptions à l'art. 1153, édictées, l'une contre le mandataire, l'autre contre le mandant.

§ 1er.

Obligations du mandataire.

63. Art. 1996 : « Le mandataire doit l'intérêt des sommes qu'il a employées à son usage, à dater de cet emploi, et de celles dont il est reliquataire, à compter du jour qu'il est mis en demeure. »

C'est la traduction presque littérale de la loi romaine : *Si procurator meus pecuniam meam habeat, ex morâ utique usuras mihi pendet... Si pecuniam ad usus suos convertit, in usuras convenietur* (1). Un des grands principes du Droit est, en effet, que nul ne peut s'enrichir aux dépens d'autrui : *Bonæ fidei hoc congruit ne de alieno quis lucrum sentiat* (2); et le législateur, dans notre article, ne fait qu'appliquer cette règle générale à l'hypothèse qui nous occupe. Aussi, les jurisconsultes romains, généralisant le

---

(1) L. 10, § 3, D., *Mandati vel contra.*
(2) *Id., ibid.*

principe écrit dans la loi 10, **D.**, *Mandati vel contra*, soumettaient au paiement des intérêts, non-seulement le mandataire qui employait à la satisfaction de ses besoins les deniers du mandant, mais encore celui qui les prêtait à des tiers, soit en son nom, soit au nom du mandant, que le mandant l'eût ou non chargé de faire fructifier ses fonds; bien plus encore, celui-là même qui, connaissant les habitudes du mandant, avait gardé chez lui des capitaux improductifs que le mandant n'eût pas manqué d'utiliser immédiatement après leur réception (1). Papinien ajoute que cette règle devra recevoir son exécution, lors même qu'il s'agira d'intérêts que le mandataire aura reçus des débiteurs du mandant (2). Le jurisconsulte craignait sans doute qu'on ne vît, dans cette obligation, un anatocisme défendu par la loi.

Toutefois, le principe que le mandataire doit l'intérêt de l'argent qu'il a employé à son usage cesse, lorsqu'il a agi avec l'assentiment du mandant. Dans ce cas, en effet, il n'y a plus mandat, il y a contrat de prêt ou *mutuum;* et ce ne sera plus par l'*actio mandati,* mais par la *condictio,* que le mandant pourra agir contre le mandataire qui est devenu un emprunteur. Or, il n'est pas de l'essence du *mutuum* de produire des intérêts. Si donc les parties ont gardé le silence, le mandataire pourra, dans ce cas, user des

(1) Argument *a contrario* de la loi 13, § 1, D., *De usuris.*
(2) L. 29, D., *De usuris.*

deniers du mandant sans être tenu de payer des intérêts (1).

64. Sous notre Droit, le mandataire, indépendamment de la peine pécuniaire écrite dans l'article 1996, peut être soumis à la pénalité spéciale édictée par l'article 408 du Code pénal.

65. La mauvaise foi ne se présumant jamais, l'obligation de prouver la faute du mandataire incombera au mandant. — Mais il y aura présomption que le mandataire a employé les deniers à son usage, lorsqu'il différera de les remettre au créancier à l'époque fixée ; et il devra être soumis au paiement des intérêts, quand il sera lui-même débiteur du mandant, et qu'il aura négligé, cette dette ne portant pas intérêts, d'en utiliser le montant au profit du mandant à compter du jour de l'échéance, ou du jour où il aura pu en faire l'emploi : *Debuit enim sibi solvere.*

66. Mais le mandant pourra-t-il, indépendamment des intérêts légaux, réclamer encore des dommages et intérêts? J'ai chargé mon mandataire de remettre une somme d'argent à mon créancier. Il a employé la somme à son usage, et le créancier a dirigé des poursuites contre moi. Pourrai-je exiger la réparation du préjudice que m'ont causé ces poursuites ?

(1) L. 10, § 4, et l. 6, § 6, D., *Mandati.* — Consulter, sur la conversion du mandat en *mutuum*, Pellat, *Textes choisis des Pandectes*, 1859, p. 83 à 94.

Nous avons vu, en parlant des intérêts moratoires, que l'art. 1153 renfermait une disposition générale, à laquelle il n'était permis de faire échec que dans les cas limitativement prévus par la loi (1). Mais l'art. 1153 ne s'occupe que des obligations qui se bornent au paiement d'une somme d'argent. Or, ici, le mandataire s'est engagé à faire quelque chose, et c'est alors l'art. 1149 qui doit être la règle.

67. Quant aux intérêts du reliquat de compte, ils courent à compter de la mise en demeure. — Toutefois, une simple sommation extra-judiciaire suffirait-elle pour produire ce résultat?

L'affirmative est universellement admise. L'art. 1996 exige simplement une mise en demeure. Or, aux termes de l'art. 1139, le débiteur est constitué en demeure par une sommation, ou autre acte équivalent. On argumente aussi par analogie des art. 1652 et 474 ; et, enfin, on fait remarquer que la sommation, non suivie d'effet, doit faire présumer que le mandataire a employé les sommes à son usage (2).

Cette opinion, si favorable qu'elle soit, ne me paraît pas très-sûre en présence de l'art. 1153. L'obligation, pour le mandataire, de payer le reliquat est bien une obligation d'une certaine somme. Or, dans ce cas, les intérêts ne sont dus que du jour de la demande, excepté lorsque la loi les fait courir de plein droit.

(1) V. *suprà*, nº. 14, p. 104 et suiv.
(2) Aubry et Rau, d'après Zachariæ, § 413, note 9.

— Il serait donc plus sage de recourir à une demande judiciaire.

Obligations du mandant.

68. Art. 2001 : « L'intérêt des avances faites par le mandataire lui est dû par le mandant, à dater du jour des avances constatées. »

C'est encore la reproduction d'une règle du Droit romain : *Adversus eum cujus negotia gesta sunt, de pecunia quam de propriis opibus, vel ab aliis mutuo acceptam erogasti, mandati actione pro sorte et usuris potes experiri* (1).

Dans l'ancien Droit, la règle générale était que le mandant ne devait d'intérêts que du jour de la demande.

Le système admis par la loi romaine et par le Code Napoléon me semble préférable. Si le mandat est de sa nature gratuit, il ne faut pas en conclure que l'exécution de ce contrat doive causer un préjudice au mandataire. Or, si l'on ne tenait compte des intérêts des avances faites, le mandataire serait constitué en perte : ou bien ces avances sont le résultat d'emprunts dont il a payé les intérêts, ou bien il a employé ses propres deniers au lieu de les utiliser pour

---

(1) L. 1, C., *Mandati.* — L. 12, § 9, D., *Mandati.* — *Sent. Pauli,* L. II, t. XV, § 2.

son compte personnel; dans les deux cas, il pourra agir contre le mandant afin d'être indemnisé. Le mandat étant un contrat de bonne foi : *Totum hoc ex æquo et bono judex arbitratur* (1), l'équité voulait que l'art. 2001 fût la corrélation de l'art. 1996.

69. Mais, évidemment, pour que des intérêts puissent être réclamés, il faut que le mandataire soit en avance. — On devrait toutefois accorder des intérêts au mandataire, non-seulement lorsqu'il effectue réellement un paiement pour le compte du mandant, mais encore lorsque, d'après ses instructions, il tient à sa disposition et à la disposition de ses créanciers des sommes qu'il retire de la circulation ; et ces intérêts devraient courir du jour indiqué, encore que le mandant ou ses ayant-cause n'aient pas pris les deniers, si le mandataire établit que ces sommes sont restées improductives entre ses mains.

Le mandataire ne pourrait cependant se prévaloir de l'art. 2001 si, ayant entre les mains, pour le mandant, des valeurs disponibles, il avait négligé de les utiliser et employé les siennes propres. Le mandataire cherche alors, non pas à se rendre utile au mandant, mais à faire une bonne opération dans son intérêt particulier. Or, la loi accorde des intérêts au mandataire, non pour qu'il réalise des bénéfices, mais pour qu'il ne soit pas en perte. — Si, toutefois, les valeurs qui sont aux mains du mandataire n'étaient pas liquides,

(1) L. 12, § 9, D., *Mandati.*

si leur réalisation offrait des difficultés et que,
d'autre part, il y eût urgence de faire un paiement, le
mandataire pourrait demander des intérêts.

Le mandataire, jouant le rôle de demandeur, c'est
sur lui que pèse la charge d'établir l'époque des
avances. Mais aucun moyen de preuve spécial ne lui
est imposé ; il lui suffit de recourir aux quittances qu'il
a dû retirer des créanciers.

70. Nous arrivons maintenant à la partie délicate
de notre sujet. — Je me demande quelles personnes
peuvent se prévaloir de notre article.

Incontestablement, le mandataire sera admis à réclamer des intérêts ; mais que décider relativement
au gérant d'affaires, à la caution, au coassocié, à
l'exécuteur testamentaire, à l'officier public?

71. Et d'abord, le *negotiorum gestor* peut-il réclamer l'intérêt de ses avances ?

Cette question n'en était pas une à Rome : *Usuras
quas præstavimus, vel quas ex nostra pecunia perci-
pere potuimus, quam in alieno negotio impendimus, ser-
vabimus negotiorum gestorum judicio* (1) ; et cette solution admise par l'ancien Droit (2) était généralement
acceptée de nos jours. La Cour de cassation l'avait
cependant proscrite ; mais son arrêt était resté sans

______

(1) L. 19, § 4, C., *De negotiis gestis.* — L. 18, C., *De negotiis
gestis.* — L. 37, D., *De usuris.*

(2) Domat, *Lois civiles*, l. II, t. IV, sect. 2, n°. 5.

partisans, lorsque **M.** Larombière a cru devoir lui donner l'appui de son imposante autorité.

D'après ce jurisconsulte, l'article 2001 est une exception à l'article 1153 ; il ne doit être appliqué qu'au mandataire seul, et le gérant d'affaires ne pourrait l'invoquer, lors même qu'il y aurait identité de motifs. — Mais cette parité de raisons n'existe pas. Les rapports qui ont précédé le mandat font supposer une convention tacite, intervenue entre le mandataire et le mandant. On peut croire aussi que des liens d'intimité et d'affection existent entre les parties, tandis que rien de pareil n'apparaît dans la gestion d'affaires, qui ne suppose aucun rapprochement antérieur entre les quasi-contractants. — Enfin, l'art. 1155 prévoit le cas où un tiers, en l'acquit du débiteur, paie des intérêts au créancier. Il s'agit bien alors d'un gérant d'affaires. Or, la loi, pour faire courir les intérêts de ses avances, exige une demande. Si le gérant avait droit aux intérêts de plein droit, l'article serait inexplicable.

A l'argumentation de **M.** Larombière nous croyons que l'on peut répondre victorieusement, et, sans revenir sur les précédents historiques que le législateur n'a nullement répudiés et qui ont bien leur valeur et leur importance, je veux m'attaquer directement aux motifs qui ont déterminé l'éminent magistrat.

J'admettrai volontiers que l'art. 1153 constitue la règle générale et que l'art. 2001 est une exception à cette règle. Mais ce qu'il faut rechercher, c'est la valeur et le caractère de cette exception. Si elle nous

apparaît comme contraire aux principes ou à l'équité,
comme celle que nous avons rencontrée dans les art.
1548 et 1440, nous la renfermerons dans ses plus
étroites limites; si, au contraire, elle repose sur cette
grande maxime, que nul ne peut s'enrichir aux dépens d'autrui, nous l'étendrons à toutes les hypothèses analogues à celle que le législateur a eu surtout en vue dans l'art. 2001.

Or, quelle différence peut-on faire équitablement
entre le mandataire et le gérant dont la gestion a été
utile au maître? N'ont-ils pas, l'un et l'autre, procuré à celui-ci un avantage, et, dès-lors, leur situation ne doit-elle pas être identique? — Il y a des cas
où l'injustice qui résulterait de la solution proposée
par M. Larombière est si manifeste que lui-même
recule devant la conséquence. Le gérant qui emprunte
à intérêt les sommes destinées à la gestion, ou qui
les retire de la caisse d'un banquier qui lui en payait
l'intérêt, devra être indemnisé de ces intérêts payés
ou perdus par lui dans l'accomplissement de sa gestion ! — Mais à quel titre lui accordez-vous cette indemnité? A titre de dépense et non à titre d'intérêts
courus de plein droit ! — Il n'est pas exact de dire
que le gérant ait dépensé ces intérêts pour le maître
de l'affaire; ou bien le même raisonnement pourra
s'appliquer dans toutes les hypothèses... Si votre
système était admissible, vous devriez logiquement le
suivre dans ses résultats et refuser même dans notre
espèce, au *negotiorum gestor* l'intérêt de ses avances.
Si vous le lui accordez, c'est que vous étendez forcé-

ment à votre insu la disposition équitable de l'art. 2001 ; c'est, en d'autres termes, que vous généralisez l'exception.

Quant aux considérations générales que l'on invoque pour établir une dissemblance entre le mandat et la gestion d'affaires, ce sont des idées qu'il est à peine besoin de réfuter. Le mandat, dit-on, fait présumer entre les contractants une intimité qui impose, d'une part, une reconnaissance complète et suppose, d'autre part, un très-grand dévouement ! — Et la gestion d'affaires, qui intervient le plus habituellement en l'absence du maître dont les droits périclitent, qui émane le plus souvent d'un homme qui, presque toujours, ne rentrera pas dans tous ses déboursés, et qui ne pourra, à la différence du mandataire, réclamer que l'avantage conféré au maître, ne suppose-t-elle pas aussi le dévouement? N'impose-t-elle pas aussi la reconnaissance? Les gérants d'affaires sont-ils donc tous des spéculateurs? N'obéissent-ils pas le plus souvent aux sentiments d'affection et d'intérêt qu'ils portent à celui dont ils gèrent l'affaire? N'y a-t-il pas même une raison de différence en faveur du gérant dont l'administration est toujours gratuite, tandis que le mandataire reçoit fréquemment des honoraires comme prix de ses services?

Mais, dit-on, le gérant qui prend dans sa caisse une somme qui y serait restée improductive, ou qui reçoit sans intérêt les deniers d'un tiers, n'éprouve aucun préjudice. Peut-être même le maître avait-il entre les mains de l'argent disponible ; et vous iriez le condamner à payer des intérêts au gérant ! — Ce résultat, que l'on trouve si injuste, n'a pas cependant arrêté le législateur lorsqu'il s'est agi d'édicter l'art. 2001 sous l'empire duquel de pareilles combinaisons peuvent souvent se réaliser. Pour moi, je ne suis pas effrayé par ces reproches d'iniquité. C'est qu'en effet le gérant aurait pu placer pour son compte les deniers qu'il a tirés de sa caisse, afin de les utiliser au profit de son maître ; c'est aussi que, dans le cas même où un tiers lui a prêté de l'argent sans intérêts, le tiers a entendu conférer un avantage au gérant, et non pas au maître qu'il ne connaissait pas ; c'est enfin que, lorsque le maître avait dans sa caisse des sommes improductives, ses affaires n'en souffraient pas moins, puisque, par ignorance ou par impéritie, il ne s'en occupait pas. Toute la question est donc de savoir si le gérant a rendu un service au maître, s'il a droit à l'action *negotiorum gestorum* et dans quelle mesure il y a droit. Mais, dans la mesure où ses avances ont été utiles au *dominus*, je crois, avec les traditions anciennes et modernes, que le gérant peut réclamer l'intérêt de ses avances du jour où il les a faites, sans être obligé de recourir à une demande judiciaire.

L'article 1155 est-il un obstacle à l'adoption de ce système ? Non, assurément. L'article 1155 n'a pas pour but de décider qui peut réclamer des intérêts légaux, moratoires ou conventionnels. Il règle uniquement une question d'anatocisme ; il apporte un tempérament à l'article 1154, qui ne veut pas que des intérêts produisent eux—mêmes des intérêts, s'ils sont dus pour moins d'une année. Le tiers qui paie, pour le compte d'un débiteur, des intérêts dus pour six mois peut, malgré la règle de l'article 1154, exiger les intérêts de ses déboursés et de ses avances. L'article ne dit rien de plus, et, s'il parle vaguement de demande et de convention, il ne s'ensuit pas que le législateur ait voulu régler au titre des obligations une question qui n'était pas encore soumise à son examen.

72. La même question s'est encore reproduite en matière de cautionnement. —Aux termes de l'article 2028, la caution qui a payé a son recours contre le débiteur principal, tant pour le capital que pour les intérêts. Le fidéjusseur, en payant la dette, a agi en quelque sorte comme mandataire de l'obligé personnel, et, à ce titre, il peut se prévaloir de l'article 2001. Sans doute, nous lisons dans une loi romaine : *Sciendum est non plus fidejussorem consequi debere mandati judicio, quam quod solverit* (1). Mais il ne s'agit pas ici d'*usuræ lucratoriæ;* il s'agit seulement d'*usuræ compensatoriæ*, dues au fidéjusseur, pour qu'il soit indemnisé du préjudice que lui cause le cautionnement. Le fidéjusseur n'est pas moins digne de faveur que le mandataire, et il pourra recouvrer « contre le débiteur et le principal et les intérêts qu'il aura payés au créancier, et aussi les intérêts et de ce principal et de ces intérêts (2). »

(1) L. 26, § 4, D., *Mandati.*
(2) Domat, *Lois civiles*, l. III, t. IV, sect. 3, n°. 2.

Cette solution si équitable vient aussi de trouver un contradicteur dans M. Larombière, qui pense que la caution ne peut pas exiger de plein droit l'intérêt de ses avances. Voici ses raisons : Aux termes de l'article 2029, la caution est subrogée aux droits du créancier contre le débiteur ; or, cette subrogation légale ne modifie pas la créance qui passe, telle qu'elle existe, sur la tête de la caution. On ne comprendrait pas, dès lors, qu'une créance qui ne produit pas d'intérêts entre les mains du créancier, en produisît entre les mains de la caution.—Quant à l'article 2028, s'il parle d'intérêts, c'est qu'il suppose que la créance en produisait déjà, et que la caution les a payés au créancier ; le recours de la caution a lieu pour le principal, les intérêts et les frais. La créance continuera donc de produire des intérêts dans les mains de la caution comme dans les mains du créancier.

Ces motifs ne sont rien moins que décisifs.—Je ne m'arrêterai pas d'abord au premier argument présenté par M. Larombière. Il implique, en effet, que je serais d'accord avec l'éminent magistrat sur le caractère de la subrogation. Or, qui ne connaît les nombreuses controverses que ce point de notre Droit a suscitées, et qu'un arrêt récent de la Cour suprême va encore raviver (1)? Si les uns, comme M. Toullier et la Cour de cassation, et je dirais

(1) Cassation, ch. civ., 3 avril 1861. *Moniteur des Tribunaux*, 1861, p. 258.

presque comme M. Mourlon et les partisans de son système, voient dans la subrogation une véritable cession
de la créance ; il en est d'autres qui, avec M. Merlin,
soutiennent non moins énergiquement que, par l'effet
du paiement, l'ancienne créance a disparu ; que seulement les garanties de cette créance se détachent et
viennent s'adjoindre à la créance nouvelle que le subrogé a acquise contre le débiteur, par suite de son
avance. Les sympathies de M. Larombière sont, je le
sais, pour la première théorie (1) ; mais sa disserta-
tion n'a pas ébranlé ma croyance. Sans doute, je n'ai
pas ici à déduire les raisons qui me portent à préférer
l'opinion de M. Merlin ; cette discussion m'éloignerait
de mon sujet. Mais qu'il me suffise d'indiquer cette
dissidence d'opinions pour opposer une fin de non-
recevoir à l'argument puisé dans l'article 2029.

Je ne peux accepter davantage l'interprétation
donnée à l'art. 2028 par M. Larombière. Nous allons
voir quelle série de contradictions elle entraîne.
Puisque, dans son système, la subrogation emporte
transport de la créance, était-il besoin de dire que
la caution subrogée pourrait réclamer des intérêts,
lorsque la créance en produisait déjà dans les mains
du subrogeant ? Le législateur aurait donc édicté une
disposition inutile. Or, s'il est vrai que, dans l'interprétation des conventions, lorsqu'une clause est susceptible de deux sens, on doit plutôt l'entendre dans

---

(1) *Théorie et pratique des obligations*, t. III, p. 202, art. 1250,
n°. 25.

celui avec lequel elle doit avoir quelque effet, que dans le sens avec lequel elle n'en pourrait produire aucun (1); et, si le même principe doit s'appliquer à plus forte raison à l'œuvre du législateur : *In ambigua voce legis , ea potius accipienda est significatio, quæ vitio caret* (2), voilà M. Larombière lui-même condamné à reconnaître que la caution a droit aux intérêts de ses avances.

Le savant magistrat admet d'ailleurs le coobligé solidaire qui paie la dette à réclamer les intérêts de ce qu'il a payé en sus de sa part virile, parce que la solidarité contient un élément de mandat qui lui est essentiel, et que, comme conséquence, l'art. 2001 doit recevoir son application. — Eh quoi! le codébiteur solidaire, qui, dans ses rapports avec ses codébiteurs, doit être traité comme une caution, aura droit aux intérêts de plein droit, tandis que la caution simple, qui est moins intimement liée à la dette, qui, en payant, fait uniquement l'affaire d'un tiers, sera traitée plus défavorablement!

Mais que dirait donc M. Larombière d'une caution solidaire? Sans doute, puisque « la solidarité légale ou conventionnelle contient un élément de mandat qui lui est essentiel », il lui permettra d'invoquer l'art. 2001. Quelle contradiction! La caution solidaire, qui n'a ni le bénéfice de division, ni le bénéfice de discussion, se prévaudra de l'article, tandis que la caution simple perdra l'intérêt de ses avances !

(1) Art. 1157, Cod. Nap.
(2) L. 19, D., *De legibus.*

Ce sont là des conséquences inadmissibles auxquelles nous ne nous arrêterons pas. Nous repousserons donc la théorie que **M.** Larombière a présentée, et nous nous en tiendrons aux principes si nettement formulés par Domat.

73. Tous les auteurs s'accordent avec raison pour reconnaître que l'art. 2004 est applicable à l'exécuteur testamentaire, et à l'associé qui a fait des avances à la société.

74. Mais la controverse est encore très-vive sur le point de savoir si l'officier ministériel, notaire ou avoué, qui a payé de ses deniers les frais d'enregistrement des actes de son ministère, pourra réclamer l'intérêt de ses déboursés du jour de ses avances.

M. Troplong (1), et après lui la Cour de cassation (2) et **M.** Larombière (3), répondent négativement. Pour être en droit d'invoquer l'art. 2004, il faut, dit-on, avoir agi *procuratorio nomine*, et non pas par suite d'une obligation personnelle, propre et spéciale. Or, aux termes de l'art. 29 de la loi du 22 frimaire an VII, le notaire est lui-même personnellement débiteur du fisc. Donc il ne peut se prévaloir de notre disposition. — Aussi l'art. 30 de la loi fiscale, en permettant au notaire d'actionner en rem-

<hr>

(1) *Commentaire du mandat*, p. 629, n°. 684.
(2) Cass., 18 mars 1850.
(3) *Théorie et pratique des obligations*, t. I, art. 1153, n°. 35.

boursement la partie pour laquelle il a fait les avances,
ne parle pas d'intérêts dus de plein droit.

Je ne saurais, pour ma part, adhérer à cette opinion. Le notaire me paraît bien être le mandataire
des parties, et cela est si vrai que la même jurisprudence qui lui refuse l'intérêt de ses avances lui
accorde, pour le paiement de ces mêmes avances,
une action solidaire contre toutes les parties. — Or,
où puise-t-on le germe de cette solidarité? Dans
l'art. 2002, Cod. Nap., sous la rubrique des obligations du mandant. Si donc, au point de vue de son
droit d'action contre les parties, le notaire est traité
comme un mandataire, pourquoi ne lui conserverait-
on pas le même caractère lorsqu'on recherche le but
de l'action? Si l'art. 2002 lui est applicable, pourquoi écarterions-nous l'art. 2001? Ne sont-ce pas là
deux obligations qui pèsent corrélativement sur la
tête du mandant?

Mais, dit-on, la loi du 22 frimaire, an VII, traite le
notaire comme un obligé personnel!—C'est afin d'assurer la perception des droits du trésor public; c'est
aussi parce que la loi fiscale rend responsable du
paiement celui qui soumet un acte à une certaine
formalité. — Mais le fisc lui-même reconnaît que,
dans ses relations avec les parties, le notaire n'est
plus qu'un mandataire, puisqu'il s'occupe d'assurer
son recours contre les parties. Bien plus, lorsque
l'Administration n'a perçu qu'un droit insuffisant, ce
n'est pas contre l'officier public, c'est contre la partie
que les contraintes sont dirigées.

. Ainsi tombe le raisonnement de **M.** Troplong, qui est obligé de confesser que « le notaire est le mandataire des parties pour recevoir leurs dispositions et les convertir en acte public. » — Or, le paiement des droits réclamés par le trésor n'est-il pas la conséquence et la suite nécessaire du mandat reçu des clients pour parfaire l'acte et le rendre définitif; et, si le notaire est obligé envers la Régie, n'est-ce pas précisément à raison de sa qualité de mandataire des parties?

L'art. 2002, dit-on, ne s'occupe pas des déboursés du notaire; il s'occupe seulement des honoraires dus à l'officier public. — Ainsi donc, le notaire serait moins favorablement traité quand il lutte *de damno vitando* que lorsqu'il s'agit pour lui d'obtenir un avantage, *de lucro captando !* Ce serait le renversement de tous les principes du Droit. L'art. 2002 ne fait pas cette distinction entre les honoraires et les déboursés, et la jurisprudence ne la fait pas davantage.

Mais, en admettant pour un moment que le notaire ne soit pas un mandataire, n'agit-il pas dans l'intérêt des parties en assurant l'authenticité de l'acte, en lui donnant le complément qu'il appelle; et, à ce titre, ne doit-on pas le traiter comme un *negotiorum gestor ?* — Non, dit-on, il ne saurait y avoir gestion d'affaires, puisque toujours, dans la gestion d'affaires, le maître doit avoir la faculté d'agir lui-même, si bon lui semble; et, dans notre espèce, le notaire seul peut libérer le client envers la Régie.

— Viendrait-on soutenir, par hasard, que le notaire
ne pourrait pas licitement se présenter au bureau de
l'Enregistrement, assisté des parties, remettre lui-
même l'acte au receveur pour assurer la sincérité et
la réalité de l'acte, pendant que les parties ac-
quitteraient entre les mains du préposé de la Régie
les sommes dont elles sont redevables au trésor? Ne
sont-ce pas d'ailleurs les parties qui acquittent toujours directement les droits supplémentaires, et les
droits dus pour certains actes spéciaux, comme les
testaments ?

S'il n'est pas gérant d'affaires, le notaire sera au
moins la caution, solidaire si l'on veut, des parties.
La caution est une personne obligée envers un créancier pour le compte d'un débiteur principal. Or,
n'est-ce pas là vraiment la situation de l'officier ministériel?

Que l'on voie donc dans le notaire un mandataire,
un *negotiorum gestor* ou une caution : à tous ces titres,
on devra lui reconnaître le droit d'invoquer la disposition éminemment favorable de l'article 2001 (1).

____

(1) *Revue pratique*, 1858, t. V, p. 429. — *Revue critique*, 1853,
t. III, p. 259 à 272.

CHAPITRE IV.

DE L'ANATOCISME.

75. L'anatocisme (ἀνα-τόκος) est la production d'intérêts par des intérêts déjà échus qui restent aux mains du débiteur et qui deviennent pour le créancier un nouveau capital.

De toutes les conventions qu'un débiteur peut consentir, il n'en est pas de plus dangereuse que celle dont nous allons nous occuper. L'expérience a suffisamment démontré que l'on ne peut introduire dans un patrimoine un principe de ruine plus actif, plus rapide et plus dévorant (1). C'est, pour employer l'heureuse comparaison d'un de nos maîtres, la boule de neige, imperceptible au point de départ, et qui,

____

(1) Fœnus fœnori additum parentum malorum mala est soboles. — Hi isti usurarum fœtus dicuntur esse progenies viperarum. Aiunt viperas, dum gignuntur, ventrem matris corrodere. Fœnus quoque, erosis ac consumptis debitorum ædibus, nascitur. — Semina temporis progressu germinant, et animalia tempore præstituto fœtus edunt suos. Usura vero hodie generatur, et hodie parere incipit. — Quæ animalia cito pariunt, ea a partu cito desistunt. At pecuniæ, celerem usurarum originem consecutæ, infinitam accessionem magis ac magis crescentem suscipiunt. — Quidquid crescit, ubi ad propriam magnitudinem pervenerit, desierit augeri. Avarorum vero argentum omni tempore augescit. — Animalia, ubi suæ soboli vim impertiverunt pariendi, supersedent prægnatione. At fœneratorum pecuniæ et adnascentes pariunt, et veteres renovantur. — Ne tu portentosæ hujus bestiæ periculum feceris! (S. Basile, *Homelia in ps. XIV*, éd. 1721-1730, t. I, p. 111).

dans sa course, va sans cesse grossissant jusqu'au
jour où, devenue terrible avalanche, elle porte partout le deuil et la destruction, et ne laisse derrière
elle que des ruines et des décombres. Aussi l'attention des législateurs s'est de tout temps portée sur
cette clause, et leurs efforts ont tendu à prévenir ou
à diminuer ses fâcheux résultats.

L'anatocisme était connu des Athéniens, et je le
trouve mentionné dans une des plus remarquables
comédies d'Aristophane (1). D'Athènes, il passa à
Rome où la législation le toléra dans le principe. La
défense de faire produire des intérêts aux intérêts
ne me paraît pas avoir été antérieure à Cicéron.

Telle n'est pas, je le reconnais, l'opinion généralement reçue, et les auteurs qui ont écrit sur notre
sujet enseignent presque unanimement, en se fondant
sur la loi 28, C., *De usuris,* que la prohibition de
l'anatocisme doit être contemporaine de la loi des
douze Tables.

Quelque imposante que soit cette opinion par le
grand nombre d'adhésions qu'elle a ralliées, il m'est
impossible de l'accepter, et trois motifs me portent
à penser qu'elle n'est pas l'expression de la vérité.

J'ai déjà eu l'occasion de faire remarquer que les
décemvirs s'étaient inspirés, dans leur œuvre, de
la législation des Athéniens, et que, notamment, ils

(1)
$$\text{ἰὼ, κλάετ', ὢ' βολοστάται,}$$
$$\text{αὐτοί τε καὶ τἀρχαῖα καὶ τόκοι τόκων.}$$

Nubes, v. 1155-1156

lui avaient emprunté les règles relatives au taux de l'intérêt. Or, il me paraît très-vraisemblable, surtout en rapprochant cette considération de celles qui vont suivre, qu'ils ont pris ces dispositions telles qu'elles existaient à Athènes, c'est-à-dire autorisant l'anatocisme.

En second lieu, nous rencontrons, dès les premiers temps de Rome, une institution sur la nature de laquelle on est loin d'être d'accord, mais qui, quelle que soit l'opinion à laquelle on s'arrête, a les plus grands traits de ressemblance avec l'anatocisme. Je veux parler de la *versura*. — Était-ce, comme le dit M. Niébuhr, une conversion de plein droit de l'ancien capital et des intérêts échus en un nouvel et unique capital productif d'intérêts (1)?—Était-ce, au contraire, comme le pense Festus, un double agissement juridique, par lequel le débiteur, pour s'acquitter vis-à-vis de son créancier, contractait une nouvelle dette en empruntant une somme suffisante pour le paiement tout à la fois du capital et des intérêts échus (2)?—Je ne veux pas l'examiner ici. Tou-

(1) T. II, p. 384. Voir cependant t. V, p. 31.

(2) Festus définit la *versura* : *Versuram facere ex eo dictum est quod qui mutuabantur ab aliis, non ut domum ferrent, sed ut aliis solverent, vel ut verterent debitorem.* — La définition de Cujas est un peu différente : *Est versura mutuata pecunia sub usuris, qua dissolvebantur usuræ aliis debitæ* (Sur la loi 1, C., *De usuris*). — Il faut reconnaître, toutefois, que les expressions *versuram facere* ont été quelquefois employées pour signifier seulement emprunter à intérêt. Je crois que c'est en ce sens que l'on dit la loi Gabinia *de versura* (Cicéron, Éd. Tauchnitz, t. XI, *Indices*, p. 19). — J'en dirais autant

jours est-il que, dans l'une et dans l'autre hypothèse, nous voyons des intérêts convertis en capital et produisant eux-mêmes aussitôt des intérêts, ce qui est précisément l'anatocisme.

Je trouve enfin, dans une lettre de Cicéron à Atticus, un détail très-important et qui fortifie singulièrement mon opinion. Le grand orateur, en prenant possession de son gouvernement de Cilicie, proclama dans son édit : *centesimas se observaturum cum anatocismo* (1). Et que l'on ne dise pas qu'il s'agissait, dans l'espèce, de provinciaux traités plus sévèrement et plus rigoureusement que les Romains eux-mêmes: l'argument serait sans force, car les lois *Sempronia* et *Gabinia* eurent précisément pour but de mettre sur la même ligne, au point de vue du prêt à intérêt, les

de ces expressions de Tacite : *Postremo vetita versura* (*Annalium* lib. VI, n°. 46).

(1) Cum ego in edicto tralatitio centesimas me observaturum haberem cum anatocismo anniversario; ille ex syngrapha postulabat quaternas (*Epistolæ ad Atticum*, lib. V, *Epist.* 24). — J'ai préféré ce texte, qui est celui de l'édition Lemaire (Paris, 1827), et qui est conforme à l'édition de Paris (1742, 9 vol. in-4°.), au texte, habituellement si correct, des éditions latines allemandes de Tauchnitz. Je lis, en effet, dans ces dernières : *Quum ego in edicto tralatitio, centesimas me observaturum, haberem, cum anatocismo anniversario ille ex syngrapha postulabat quaternas* (t. VII, p. 171). Cette légère différence dans la ponctuation changerait complètement ce passage, et je ne pourrais plus alors l'invoquer. — Je puise les raisons de ma préférence dans la même lettre de Cicéron : j'y trouve, en effet, ces mots : *Clamare omnes qui aderant, nihil impudentius Scaptio, qui centesimis cum anatocismo contentus non esset*. Cicéron accordait donc à Scaptius *centesimas cum anatocismo*. — Je pourrais encore invoquer le texte du sénatus-consulte dont il va bientôt être question.

Romains, les alliés, les Latins et les provinciaux (1). — Or, si cette tolérance de l'anatocisme existait à l'époque de Cicéron, il n'est pas probable qu'elle fût de création récente. C'était une institution rigoureuse pour les débiteurs, et l'on sait que, depuis la loi des douze Tables jusqu'à Justinien, la condition de ceux-ci alla toujours s'améliorant.

L'anatocisme, suivant moi, a donc existé à Rome pendant plusieurs siècles, et c'est seulement à l'année 703 environ de la fondation de Rome que je reporterais sa prohibition. En effet, dans la même lettre à Atticus, le gouverneur de Cilicie fait allusion à un sénatus-consulte récent qui a décidé : *ut centesimæ perpetuo fœnore ducerentur* (2). Si les intérêts devaient toujours rester des intérêts, ils ne pouvaient plus désormais se transformer en un capital productif, et, dès-lors, il y avait exclusion de l'anatocisme.

Quoi qu'il en soit de ces quelques réflexions, qui n'offrent qu'un intérêt purement historique et que je me borne à indiquer sans les développer; il est constant qu'à l'époque de Justinien l'anatocisme était depuis long-temps prohibé par les lois : *Ut nullo modo usuræ usurarum a debitoribus exigantur veteribus quidem legibus constitutum fuerat* (3). Le débiteur qui avait souscrit une obligation de cette nature

---

(1) De Caqueray, *Explication des passages de Droit privé contenus dans les œuvres de Cicéron*, p. 554.

(2) *Epistolæ ad Atticum*, lib. V, cp. 21, n°. 13.

(3) L. 28, C., *De usuris.*

n'était pas tenu de l'exécuter (1). Bien plus, lorsqu'il avait cru devoir remplir son engagement, tout n'était pas dit encore ; il pouvait agir en répétition (2), et le créancier qui s'était permis de transgresser la loi était noté d'infamie (3). Ces principes étaient appliqués avec une telle rigueur, que le possesseur de mauvaise foi, lui-même, condamné par jugement à restituer les fruits et les intérêts qu'il avait indûment perçus, n'en devait pas l'intérêt (4).

(1) L. 29, D., *De usuris.*

(2) L. 26, § 1, D., *De condictione indebiti.*

(3) L. 20, C., *Ex quibus causis infamia irrogatur.*

(4) L. 15, D., *De usuris.* — Il est inutile de faire observer que ce texte n'est pas en contradiction avec la loi 12, C., *De usuris,* qui suppose que des fruits peuvent être produits par des fruits, lorsqu'ils jouent le rôle de *sors principalis* (L. 2, D., *De rebus creditis*). — Dans la loi 15, il ne s'agit pas de fruits *sors principalis*, il s'agit déjà d'une *accessio*, d'une *usura*, qui permet d'appliquer la règle sur l'anatocisme. — Si j'avais à apprécier législativement la loi 15, je me permettrais d'en critiquer la solution. Il n'eût pas été plus contraire aux principes d'exiger les intérêts des intérêts, que le possesseur de mauvaise foi est condamné à restituer, que de les exiger dans le cas où le mandataire et le tuteur ont employé à leur usage les intérêts qu'ils ont reçus pour le compte de leur mandant ou de leur pupille ; le mandataire et le tuteur ne me paraissent pas plus défavorables que le possesseur de mauvaise foi. — Je crois donc que l'on aurait été heureusement inspiré en généralisant la disposition finale de la loi 51, § 1, D., *De hereditatis petitione.* Les intérêts et les fruits que le possesseur de mauvaise foi est condamné à restituer se joignent au capital pour l'augmenter : *sorti adcrescunt.* Le tout forme un capital unique que le possesseur doit rendre au véritable propriétaire, et qui, tout entier, doit produire des intérêts. L'art. 1155 me paraît sur ce point bien préférable à la loi 15, D., *De usuris.*

Aussi Justinien nous apprend que , pour échapper à ces règles sévères, les créanciers transformaient les intérêts échus en capital, et croyaient pouvoir alors en réclamer légitimement l'intérêt. C'est là un souvenir et un vestige de la *versura*, qui pourraient appuyer le système de Niébuhr. — Mais l'empereur fait observer avec beaucoup de sagacité que la situation du débiteur est aggravée par ces stipulations contraires, sinon à la lettre même, au moins à la pensée et à l'esprit de la loi : *Quæ differentia erat debitoribus, a quibus revera usurarum usuræ exigebantur? Hoc certe erat non rebus . sed verbis tantummodo legem ponere;* et il décide que toute clause, qui aura pour effet de joindre au principal les intérêts échus pour augmenter le capital productif d'intérêts, devra être considérée comme non avenue (1).

Les textes prévoient cependant deux cas où les intérêts vont produire des intérêts. Un mandataire a reçu des intérêts pour son mandant et il les a employés à son usage; il en paiera l'intérêt (2). De même, un tuteur s'est servi des intérêts qu'il a reçus pour le compte de son pupille; il en devra l'intérêt à celui-ci (3). — C'est qu'en effet, dans les mains du mandataire et du tuteur, *usuræ sors efficiuntur;* et de même que le mandataire et le tuteur doivent les intérêts des capitaux dont ils usent, de même ils

____

(1) L. 28 , C., *De usuris.*

(2) L. 10, § 3, D., *Mandati vel contra.*

(3) L. 7, § 12, D., *De administratione et periculo tutorum.* — L. 58, § 1 et 4, D., *cod. tit.*

doivent l'intérêt des intérêts par eux perçus, lorsqu'ils s'en sont servis. Ce n'est même pas là, à proprement parler, une dérogation à la règle: *Nullo
modo usuræ usurarum a debitoribus exigantur.*

Notons encore en passant, et sauf à revenir plus
tard sur ce point, que le créancier postérieur, qui
désintéressait un des créanciers qui lui était préférable, n'avait pas droit aux intérêts de la somme par
lui payée pour intérêts au créancier ainsi désintéressé (1). Le créancier postérieur a fait alors sa propre
affaire et non pas celle d'un autre. Il a agi dans son
intérêt particulier et il doit se tenir pour satisfait de
recevoir uniquement ce que le créancier aujourd'hui
payé eût reçu. Il est subrogé aux droits de celui-ci,
et il ne peut avoir contre le débiteur plus de droits
que celui dont il occupe actuellement la place.

Notre ancienne jurisprudence adopta généralement
les principes du Droit romain, et ses décisions diverses peuvent être ramenées aux deux propositions
que voici :

S'agit-il d'intérêts légaux, ils peuvent produire
d'autres intérêts, soit à la suite d'une demande judiciaire suivie de condamnation, soit par leur conversion en capital employé à la constitution d'une rente
produisant des arrérages, l'ancien Droit ne reconnaissant les intérêts conventionnels que sous cette
forme.

S'agit-il, au contraire, d'intérêts judiciaires, ils ne

______

(1) L. 12, § 6, D., *Qui potiores in pignore.* — V. *infra,* n°. 84.

peuvent produire d'autres intérêts, ni par une demande en justice, ni par le moyen d'une constitution de rente.

Quant aux intérêts conventionnels, la question ne pouvait se présenter que très-rarement. Mais, dans les cas où elle était possible, tout anatocisme était sévèrement prohibé (1).

La législation intermédiaire offre, sur ce sujet, un phénomène très-remarquable. Sous l'empire des lois des 3–12 octobre 1789, du 6 floréal, an III, et du 5 thermidor, an IV, qui laissaient toute liberté aux parties pour fixer comme elles l'entendraient le taux des intérêts qu'elles jugeraient convenable de stipuler, et qui déclaraient que l'argent est une marchandise qu'on peut louer, comme son champ et sa maison, moyennant un prix fixé à l'amiable, l'ancienne prohibition de l'anatocisme subsista néanmoins dans les termes de l'ancienne jurisprudence (2).

C'est en cet état que la question se présenta aux rédacteurs du Code Napoléon, et, dans la séance du 11 brumaire, an XII, elle provoqua une vive discussion au milieu du Conseil d'État. Les uns demandaient l'abrogation de l'ancienne règle qui défendait l'anatocisme, en matière d'intérêts conventionnels ou moratoires. M. Treilhard, « toujours disposé à réa-

(1) Ordonnance du commerce de 1673, tit. 6, art. 2. — Lecamus-d'Houlouve, chap. v, p. 162-211.

(2) Cassation, 8 frimaire, an XII ; — *Contra,* Cassation, 16 novembre 1813 ; — Nous préférons de beaucoup la solution donnée par le premier arrêt.

liser dans les lois toutes les conséquences de la Révolution (1) » , faisait remarquer que, dans tous les cas où les intérêts étaient dus légalement, ou avaient pu être légalement stipulés, les intérêts échus formaient un capital qui pouvait lui-même produire des intérêts. Sans doute, autrefois, dans les prêts à terme , toute stipulation d'intérêts était prohibée, et les tribunaux ne pouvaient en prononcer que comme une peine du retard dans les paiements : ces intérêts ne pouvaient jamais produire des intérêts. Mais le système est changé : le prêt à intérêt est autorisé. Il faut donc que les principes adoptés autrefois par les tribunaux, sur les intérêts licites, soient étendus à ceux que produit le prêt, puisqu'on ne peut admettre le système du prêt à intérêt sans en admettre également toutes les conséquences (2). — D'autres conseillers , « hostiles aux idées nouvelles, ayant l'esprit timide du jurisconsulte qui révère la tradition et se défie des nouveautés (3) », insistaient énergiquement pour le maintien de l'ancien Droit. L'idée nouvelle, disait M. Malleville, est le plus sûr moyen pour ruiner les familles et l'État même; et l'on peut à peine se faire une idée de l'énorme et rapide progression d'une dette, même modique, qu'on permettra à un créancier avide de multiplier ainsi, en faisant pro-

----

(1) M. Laferrière, *Histoire des principes, des institutions et des lois pendant la Révolution française*, 1852, p. 469.

(2) Locré, *Législ. civile*, t. XII , p. 153.

(3) M. Laferrière, *loc. cit.*

duire sans cesse de nouveaux intérêts à d'autres intérêts. Sans doute, on ne peut pas empêcher qu'un créancier, comptant avec un débiteur qu'il tient dans les fers, ne l'oblige à reconnaître des intérêts échus comme un nouveau capital qu'il lui prête. Mais la loi n'a pas besoin de lui indiquer ce moyen, et surtout elle ne doit pas autoriser formellement et sans détour les intérêts des intérêts (1).

L'opinion que M. Treilhard avait défendue triompha, et devait triompher. On admit que toute liquidation faite, soit de gré à gré, soit judiciairement, aurait pour effet de faire produire des intérêts à la totalité des sommes dont elle constituerait débiteur; mais, sur une observation de M. Réal qui fit remarquer que d'une règle aussi générale résulterait un abus très-grand, si le créancier faisait assigner son débiteur tous les trimestres, afin que les intérêts échus, se réunissant au capital, produisissent des intérêts (2), un tempérament fut apporté à la doctrine adoptée par le Conseil, tempérament qui se formula dans l'art. 1154 que nous avons maintenant à étudier : « Les intérêts échus des capitaux peuvent produire des intérêts, ou par une demande judiciaire, ou par une convention spéciale, pourvu que, soit dans la demande, soit dans la convention, il s'agisse d'intérêts dus au moins pour une année entière. »

<hr>

(1) Locré, *Législ. civ.*, t. XII , p. 149.
(2) Locré, *Légis. civ.*, t. XII , p. 149.

76. A quel moment doit intervenir cette convention dont parle l'art. 1154 ? Peut-on, dans l'acte même de prêt, convenir d'avance que les intérêts produiront eux-mêmes des intérêts dans l'avenir, au fur et à mesure de leurs échéances ? Ou bien la convention ne peut-elle être faite que postérieurement à l'échéance, sur des intérêts déjà dus et que le créancier pourrait exiger ?—Je vous prête cent mille francs, avec intérêt de cinq pour cent, pour cinq ans, et nous insérons dans l'acte de prêt la clause suivante : A l'expiration de chaque année, les intérêts échus seront eux-mêmes capitalisés et produiront des intérêts, de telle sorte qu'à l'expiration de la cinquième année, le débiteur devra payer, non pas seulement cent vingt-cinq mille francs, mais bien cent vingt-sept mille six cent vingt-huit francs quinze centimes (1). Cette clause est-elle valable ?

Une opinion, très-accréditée dans la doctrine et dans la jurisprudence, se prononce pour l'affirmative. Elle s'appuie sur deux arguments, l'un de texte, l'autre de principe.

1°. Argument de texte : Aux termes de l'art. 1130, Cod. Nap., les choses futures peuvent être l'objet d'une convention ; telle est la règle. Or, les intérêts à venir d'un capital sont choses futures. Donc, ces

____

(1) 1re. année : 100,000 fr. ; intérêts, 5,000 fr.—2e. année : capital, 105,000 fr.; intérêts, 5,250 fr. — 3e. année : capital, 110,250 fr.; intérêts, 5,512 fr. 50. — 4e. année : capital, 115,762 fr. 50 ; intérêts, 5,788 fr. 12 c. — 5e. année : capital, 121,550 fr. 62 ; intérêts, 6,077 fr. 53 c. — Total : 127,628 fr. 15 c.

intérêts peuvent être l'objet d'une convention, et notamment d'une stipulation d'intérêts. — A la règle posée par l'art. 1130, l'art. 1154 a-t-il apporté une exception? Nullement; ce que l'art. 1154 défend, c'est de stipuler que des intérêts de trois mois ou de six mois produiront des intérêts. Ce qu'il veut, c'est que les intérêts soient dus au moins pour une année avant de devenir eux-mêmes producteurs d'intérêts. Or, la convention dit que ce ne sera qu'à l'expiration de chaque année que les intérêts seront capitalisés. Donc, ni l'art. 1130, ni l'art. 1154 ne sont violés dans ce système.

Bien plus, il faut dire que l'art. 1154 a eu précisément en vue d'autoriser ces stipulations faites à l'avance. Si on l'entendait autrement, il renfermerait une disposition inutile. Dès là que le Code Napoléon autorisait le prêt à intérêt, il était bien évident, et la loi n'avait pas besoin de le déclarer, que des intérêts échus constituant un capital pouvaient être l'objet d'une nouvelle convention productive d'intérêts. C'est donc précisément notre hypothèse que le législateur a eu en vue, et qu'il a résolue par l'affirmative.

2°. Argument de principe : Ce que la loi a voulu proscrire, c'est cet anatocisme dévorant qui ferait courir les intérêts des intérêts au bout de six mois, de trois mois, d'un mois même. Contre tout autre engagement, elle ne protége pas le débiteur. C'est à lui qu'il appartient de veiller sur ses intérêts.

Il se peut même que, dans des circonstances nombreuses, la stipulation qui nous occupe soit faite dans l'intérêt même du débiteur. Un homme est nu-propriétaire d'une fortune considérable; à la mort de l'usufruitier, il sera plus que millionnaire. Mais, provisoirement, il est dans la gêne et dans la détresse. Le moment de marier sa fille se présente, et cet homme, qui veut agir en futur millionnaire et doter largement sa fille, emprunte, pour dix ans, trois cent mille francs qu'il lui donne. Chaque année, il aura quinze mille francs d'intérêts à payer à son prêteur, et ses revenus sont de beaucoup inférieurs à cette somme. Si vous ne lui permettez pas de stipuler avec le capitaliste que les intérêts ne seront pas dus à l'expiration de chaque année, mais qu'au contraire ils seront capitalisés, vous lui rendez tout emprunt impossible. Pourquoi donc, par un excès de rigorisme, annuler une convention faite dans l'intérêt du débiteur?

Tel est le système qui a obtenu l'assentiment de la Cour suprême et que la pratique adopte sans contradiction. Un grand nombre de jurisconsultes, et des plus autorisés, lui ont donné l'imposant appui de leur adhésion (1).—En présence de ces témoignages, il est permis d'hésiter.

(1) Cassation, 11 décembre 1844;—Dalloz, *Répert.*, v^{is}. Prêt a intérêt, n°. 140; — Larombière, sur l'art. 1154, n°. 6.

J'ai entendu proposer un autre système, d'après lequel la convention serait valable si l'on se bornait à dire que, chaque année, les cinq mille francs d'intérêts se joindraient au capital; mais qui ne permettrait pas de stipuler que les intérêts de ces cinq mille francs produiraient eux-

Cependant, nous ne pouvons l'accueillir et nous le combattrons par deux arguments que nous puiserons, nous aussi, l'un dans les textes de nos articles 1154 et 1155 ; l'autre dans les motifs qui ont inspiré ces articles au législateur.

1°. Argument de texte. Article 1154 : « Les intérêts échus des capitaux peuvent produire des intérêts.... par une convention spéciale, pourvu que.... dans la convention, il s'agisse d'intérêts dus au moins pour une année entière. » — Sur quoi la convention peut-elle porter ? Sur des intérêts échus ; sur des intérêts dus. Or, au moment où vous avez fait la convention, il n'y avait pas d'intérêts échus, pas d'intérêts dus. Donc, vous avez violé le texte de l'article 1154.

Eh ! sans doute, dit-on, ils n'étaient pas échus, ils

mêmes des intérêts. Ainsi, dans l'espèce que nous avons choisie, la convention serait valable jusqu'à concurrence de 127,500 fr.; les 128 fr. 15 cent. provenant de la capitalisation des intérêts des intérêts ne pourraient être réclamés. La raison qu'on en donne est que l'art. 1154 permet seulement l'intérêt des intérêts, tandis qu'il s'agirait ici de l'intérêt produit par des intérêts d'intérêts.

Je ne crois pas que cette distinction ait sa raison d'être : du moment que les intérêts sont capitalisés, ils perdent leur caractère d'intérêts pour revêtir celui de principal : je ne vois pas pourquoi, lorsque votre débiteur vous doit pour intérêts 5,250 fr., produits par un capital unique de 105,000, 5,000 seulement pourraient devenir générateurs d'intérêts, et 250 fr. resteraient improductifs sans que le créancier puisse les réclamer afin de pouvoir les employer à un nouveau placement.

Aussi, dans le système que j'adopte, lorsqu'il s'agit de conventions postérieures à l'échéance des intérêts, je ne ferais nulle difficulté d'admettre une convention intervenant entre le débiteur et son créancier, et portant que les 5,250 fr. deviendront un capital productif.

n'étaient pas dus. Mais la convention elle-même porte qu'ils ne produiront des intérêts que lorsqu'ils seront dus et échus. — Je dis, moi, que la loi exige davantage. Elle veut non-seulement que les intérêts ne portent intérêt qu'après leur échéance, mais elle veut encore qu'ils soient dus et échus au moment où se forme la convention. J'en trouve la preuve dans l'article 1154, dans l'article 1155 et dans les travaux préparatoires.

Dans l'article 1154, qui, par deux fois, met sur la même ligne la demande judiciaire et la convention. Or, n'est-il pas manifeste que la demande tendant à faire produire des intérêts aux intérêts ne peut être formée que lorsque les intérêts sont dus et échus? Pourquoi donc en serait-il autrement de la convention?

Dans l'article 1155, où je rencontre d'abord la même assimilation et de plus un argument dont la force est bien grande. L'article 1154 défend l'anatocisme quand les intérêts sont dus pour moins d'une année entière. L'article 1155 nous annonce des exceptions à cette règle : « Certains revenus échus, quoique dus pour moins d'une année, produisent intérêt du jour de la convention. » S'agit-il donc d'une convention antérieure à l'échéance des intérêts, lorsque la loi déclare que des intérêts échus produiront intérêt du jour de la convention? — C'est donc que la loi n'autorise l'anatocisme que lorsque la convention intervient après l'échéance des intérêts.

La même idée ressort à chaque ligne des travaux

préparatoires, et, dans ces monuments législatifs,
souvent confus et obscurs, il n'est peut-être pas une
pensée qui se produise avec plus de persistance.
M. Pelet demande si l'art. 54 du projet abroge l'usage
où l'on était de joindre au capital originaire les intérêts *liquidés*, pour ne faire du tout qu'un seul
et même capital. — Le consul Cambacérès pense
que si, par une convention nouvelle, les parties
avaient réglé ensemble, et si, ajoutant au capital pri-
mitif les intérêts *échus*, le créancier avait accordé
pour le tout un nouveau crédit au débiteur, avec stipulation d'intérêts qui deviendraient le prix de ce
nouveau crédit, il n'y a point de doute que la stipulation ne dût avoir ses effets. — Et **MM.** Bigot-
Préameneu et Treilhard disent que la section a rédigé
l'article dans ce sens. — Nous avons déjà cité ces
paroles de **M.** Malleville : « On ne peut pas empêcher
qu'un créancier, comptant avec un débiteur qu'il
tient dans les fers, ne l'oblige à reconnaître des intérêts *échus* comme un nouveau capital qu'il lui
prête. Mais la loi n'a pas besoin de lui indiquer ce
moyen. » Et l'éminent magistrat concluait au rejet
de l'article. — **M.** Regnaud de Saint-Jean-d'Angély
demande que toute *liquidation* faite, soit de gré à gré,
soit judiciairement, ait l'effet de faire produire également des intérêts à la totalité des sommes dont elle
constitue débiteur. — **M.** Bigot-Préameneu demande
que le Conseil se prononce sur la question de savoir
s'il sera dû des intérêts des *intérêts liquidés*. —
M. Berlier fait observer qu'il ne faut pas confondre,

dans la même question, ce qui est relatif aux *intérêts des intérêts liquidés* par les parties ou adjugés par un jugement... Les intérêts *liquidés* de gré à gré peuvent être considérés comme un nouveau capital produisant de nouveaux intérêts quand les parties en conviennent : c'est comme si le débiteur payait et qu'au même instant les deniers lui fussent remis avec l'obligation d'en payer les intérêts... Et l'orateur conclut au maintien de l'article quant à l'anatocisme conventionnel, en s'opposant à l'anatocisme judiciaire.—Le consul Cambacérès, qui partage cette opinion, dit que, lorsque deux parties, s'étant rapprochées, ont consenti à différer le paiement, en joignant les intérêts *échus* au capital, alors c'est un nouveau capital que le créancier confie au débiteur. — On se rappelle enfin les paroles de M. Treilhard, que nous avons citées plus haut. — Tous les conseillers d'État qui prennent part à la discussion obéissent à la même préoccupation. Tous supposent une convention postérieure à l'échéance (1).

Est-il donc vrai de dire qu'ainsi entendu, l'art. 1154 ne renferme qu'une disposition inutile, et que, le prêt à intérêt étant admis, il était évident que les intérêts échus constituaient un capital et pouvaient faire l'objet d'une stipulation d'intérêts?—La réponse est facile : à Rome, où le prêt à intérêt était licite, la loi 28, C., *De usuris,* déclarait néanmoins : *nullo modo licere cuiquam usuras præteriti temporis vel fu-*

---

(1) Locré, *Législ. civ.,* t. XII, p. 147 à 154.

turi in sortem redigere, et earum iterum usuras stipu-lari. Et, pendant la discussion même qui avait lieu au Conseil d'État, sous l'empire de la loi du 5 thermidor, an IV, le Tribunal de cassation, le 8 frimaire, an XII, jugeait qu'aucune loi du nouveau régime n'avait réformé les dispositions de l'ordonnance de 1673 sur l'anatocisme. — Était-il donc superflu d'écrire l'art. 1154, et n'était-ce pas pour la Commission un avertissement qui la mettait en demeure de trancher la controverse?

2°. Argument de principe : Est-on bien fondé maintenant à adresser à notre interprétation le reproche de judaïsme, et à soutenir que nous faisons échec à la pensée de la loi? Le législateur n'avait-il pas des motifs spéciaux pour s'arrêter, dans la voie des innovations, à la solution que, suivant nous, il a adoptée?—Entre la stipulation qui intervient au moment du prêt et celle qui a lieu au fur et à mesure des échéances, la différence est grande. Le jour des emprunts, c'est le moment de la détresse; c'est aussi le moment des illusions. Le crédit que l'on obtient, c'est le salut présent; et, quant aux éventualités ruineuses qu'on amoncelle sur sa tête, on ne les entrevoit que dans un avenir lointain et on espère pouvoir s'y soustraire (1). Il faut donc craindre que

(1) Venit subsidium inventurus, sed hostem reperit. Remedium dum requireret, in venenum incidit. Officium tuum fuerat viri sublevare inopiam. At, tu illius adauges egestatem, homini destituti facultates quærens exhaurire,... Argentum qui accepit primum quidem splendidus ac hilaris est et alieno flore oblectatus ; mutatione vitæ inclarescit.... Sed

l'emprunteur ne consente légèrement des conventions qui auraient pour résultat d'accumuler de nombreuses années d'intérêts, en plongeant le débiteur
dans une trompeuse sécurité. — Au contraire,
lorsque le débiteur doit, chaque année, payer des
intérêts, lorsqu'il est obligé de compter sur la bienveillance de son créancier pour pouvoir renouveler
la stipulation au fur et à mesure des échéances, il
est prévenu ; il peut voir, chaque année, les ravages
opérés dans sa fortune par cet accroissement du capital, qui, en quatorze ans, double sa dette. Et, en
présence de ces augmentations successives, peut-
être s'arrêtera-t-il un jour ?

L'accroissement insensible du capital par l'adjonc-
tion des intérêts est un mal contre lequel il faut préserver l'emprunteur. Celui-ci, qui n'aurait rien à
payer jusqu'à une époque éloignée, dépenserait sans
inquiétude, chaque année, tous ses revenus, sans songer à prélever ce qui est indispensable pour faire
face au paiement des intérêts. Lorsqu'il faudrait remplir ses engagements, il se trouverait en face de la
ruine et, qui sait, du désespoir ! La société a intérêt à
éviter de pareilles catastrophes qui exercent toujours sur elle la plus fâcheuse influence. Ce n'est
donc pas les clauses de ce genre qu'il faut favoriser.
Combien leur sont préférables ces stipulations insé-

cum sensim diffluunt pecuniæ, tempusque progrediens secum fœnus ad-
vehit, tum ei requiem non afferunt noctes, non dies hilaris est, non
sol jucundus ; sed eum vitæ tædet (S. Basile, *Homelia in psalm.* XIV,
éd. 1721-1730, t. I, p. 108).

rées aujourd'hui dans les prêts consentis par les sociétés de crédit foncier, stipulations qui vous forcent à prendre annuellement sur vos revenus, non-seulement l'intérêt, mais une portion du capital de votre dette, et qui vous libèrent presque à votre insu sans que votre patrimoine soit atteint ! Clauses inspirées par une sage expérience des hommes et des affaires, et qu'il faut généraliser de préférence à des conventions ruineuses et déplorables !

Et, quant aux exemples que l'on a imaginés pour prouver que la stipulation peut être utile même à l'emprunteur, nous répondons qu'ils sont exceptionnels. Ce dont il faut tenir compte, c'est du fait général. Ces hypothèses, habilement imaginées et ingénieusement trouvées, ne se sont pas présentées au législateur. Ce qu'il a vu, c'est l'homme aux abois, subissant la loi du prêteur, accédant à toutes ses exigences, et signant un pacte qui consommera sa ruine si l'on ne vient pas à son secours. N'a-t-on pas vu devant nos Cours souveraines l'exemple d'un débiteur, contractant une dette de trente mille francs, s'endormant dans une fausse sécurité, et se réveillant tout-à-coup en présence des réclamations de son créancier qui exigeait quatre-vingt-douze mille francs ? Est-ce là le but que le législateur s'est proposé dans notre article 1154, lorsqu'on voit avec quelle sollicitude il a traité l'emprunteur dans un grand nombre de circonstances ?

Ces considérations, sur lesquelles j'ai long-temps insisté à raison de leur importance, me paraissent décisives, et , avec **M.** Marcadé (1), je repousserais la solution généralement enseignée.

77. En traitant des intérêts conventionnels, j'ai laissé de côté la question de savoir si le prêteur peut licitement stipuler de son emprunteur que les intérêts seront payables par six mois. Le moment est venu de nous prononcer sur cette difficulté qui nous permettra d'apprécier la valeur de la dernière disposition de notre article 1154.

Cette question n'en est pas une dans la pratique, et l'affirmative ne rencontre aucune opposition. On ne manque pas même de la justifier par l'intérêt de l'emprunteur lui-même qui paiera plus facilement 2,500 fr. que 5,000 fr., et par l'intérêt du prêteur qui trouvera plus agréable de percevoir l'intérêt de ses capitaux à chaque semestre , ainsi que cela a lieu pour les rentes sur l'État.

En présence d'une stipulation aussi accréditée, non-seulement dans la pratique et dans la doctrine, mais encore dans les mœurs des populations, qui n'adressent pas l'épithète d'usurier à celui qui fait de pareilles conventions, il est peut-être inutile de protester. — Je crois cependant que le Code Napoléon et la loi de 1807, sainement interprétés, conduisent à annuler une clause de ce genre.

La pensée de la loi, telle qu'elle me paraît res-

(1) Sur l'art. 1154, III°. — Telle est aussi l'opinion professée par M. Demolombe et par M. Valette (Mourlon, *Répétitions écrites*, 4e. édit., t. II, p. 526).

sortir de l'art. 1154, est celle-ci : c'est que des intérêts ne peuvent être réclamés à l'emprunteur que
lorsqu'il a joui du capital pendant une année entière.
Tant que l'emprunteur n'a pas joui pendant une
année, on ne peut rien exiger de lui. S'il en était autrement, pourquoi la loi vous défendrait-elle de stipuler, avant l'expiration d'une année, que les intérêts deviendront eux-mêmes un capital? Je vous
prête cent mille francs le 1er. janvier. Si, le 1er.
juillet, je peux légitimement m'adresser à vous et
vous réclamer deux mille cinq cents francs, pourquoi la loi ne me permettrait-elle pas de vous laisser
entre les mains ces deux mille cinq cents francs, que
vous ne pouvez actuellement me payer, à la charge
par vous de m'en servir les intérêts? Et, cependant,
il ne me paraît pas douteux qu'une pareille stipulation devrait tomber sous le coup de l'art. 1154.

Je veux bien confesser qu'en 1804 rien n'était moins
rationnel. Les prêts pouvaient être consentis à dix
pour cent, et même à des conditions plus onéreuses.
Or, celui qui prête à cinq pour cent, en stipulant
que les intérêts seront payés par semestre, par trimestre et même par mois, fait à son débiteur une situation moins fâcheuse que celui qui prête à dix
pour cent d'intérêts payables seulement à l'expiration de l'année. — Mais je n'ai pas à justifier ici l'art.
1154; j'ai seulement à en faire l'application.

La même impossibilité va résulter de l'art. 1er. de
la loi du 3 septembre 1807, sur la valeur de laquelle
je me suis plus d'une fois expliqué, mais que le ju-

risconsulte ne peut violer tant qu'elle subsistera,
sauf à provoquer, s'il le juge convenable, des ré-
formes législatives. — Cette loi déclare que l'intérêt,
en matière civile, ne peut pas excéder cinq pour
cent par an. Or, si vous permettez au prêteur
d'exiger deux mille cinq cents francs dès le 1er.
juillet, le débiteur paiera plus de cinq pour cent par
an. En effet, si le débiteur eût conservé les deux
mille cinq cents francs entre ses mains et les eût fait
fructifier, soit dans l'industrie, soit par un placement, toujours dans ce système qui permet l'intérêt
de six mois, il eût pu en retirer soixante-deux francs
cinquante centimes. En somme, c'est donc cinq mille
soixante-deux francs cinquante centimes qu'il aura
payés à son créancier, ou cinq francs, plus un
quatre-vingtième pour cent par an. L'intérêt excède
donc le taux fixé par la loi de 1807, d'une portion
très-minime, je le veux ; mais, enfin, la loi de 1807
est violée, et la stipulation est, dans une certaine
mesure, entachée de nullité.

Et d'ailleurs, si l'on admet, contrairement au texte
sainement interprété de l'art. 1154, que l'intérêt
peut être exigé par semestre, pourquoi ne pourrait-
on pas le stipuler payable par trimestre? Pourquoi
même ne serait-il pas payable par mois, comme la
centésime romaine? Une fois sorti des limites que le
Code nous a tracées, vous ne sauriez vous arrêter.
Et le jour où un prêteur aurait cru devoir stipuler que
l'intérêt serait payable chaque semaine ou chaque
jour, vous devriez respecter ce pacte et autoriser le

prêteur à exercer chaque jour, contre son débiteur en retard, des poursuites pour l'arrérage échu ce jour-là.

Je regarde donc la convention qui nous occupe comme contraire à la loi (1). La conséquence de ce système, je ne me le dissimule pas, serait de supprimer, comme entachés d'usure ou comme violant l'art. 1154, tous les prêts qui seraient consentis pour une période moindre qu'une année. Cette conséquence je ne la redoute pas ; elle me paraît fatalement résulter de la combinaison de nos textes, et elle suffirait pour établir que notre législation sur l'intérêt est incomplète et demande une réforme. Mais, entre un résultat si bizarre qu'il soit, lorsqu'il s'appuie sur des textes, et une solution conforme aux données de la pratique, mais qui se heurte de front à une disposition législative, l'hésitation ne me paraît pas possible pour le jurisconsulte. Ce qui résulte de nos observations, c'est que le législateur qui croira devoir modifier la loi de 1807 aura à se demander si l'art. 1154, lui-même, n'appelle pas une correction.

(1) Je suis bien forcé, toutefois, de reconnaître que l'art. 1155, en décidant que les intérêts payés par un tiers au créancier en acquit du débiteur peuvent porter intérêt, quoique dus pour moins d'une année, semble admettre que des intérêts peuvent être payables avant l'expiration du délai d'un an. — L'art. 2277 paraît arriver à la même conséquence. — Mais ces arguments, que l'on peut par voie d'induction invoquer contre mon système, ne sauraient prévaloir contre des textes qui me semblent formels. — Ils doivent seulement faire désirer plus vivement encore une révision des dispositions qui nous occupent, révision qui aurait pour but de faire disparaître les anomalies que nous avons signalées !

78. Nous allons, en effet, rencontrer maintenant une des conséquences de la théorie que nous venons de combattre, conséquence que nous avons à l'avance repoussée. Les parties sont convenues que les intérêts seraient payables tous les six mois, et nous supposons qu'aucune contestation ne s'élève sur la validité de cette clause. Le 1er. janvier, je vous ai prêté cent mille francs. Le 1er. juillet, deux mille cinq cents francs d'intérêts sont échus, mais vous ne pouvez me les payer. Je vous autorise à les garder, mais je stipule que, à compter de ce jour, cette somme produira elle-même des intérêts.

Pour M. Dalloz (1), cette stipulation n'est pas essentiellement contraire à l'article 1154; mais il ne s'ensuit pas qu'elle doive être maintenue dans tous les cas. C'est aux tribunaux à juger si la nouvelle convention n'a eu pour but que d'éviter des frais au débiteur, ou si le créancier a voulu abuser de sa position et extorquer par une voie détournée ce qui n'aurait pu être ouvertement exigé.

Pour M. Duranton, la convention est toujours valable, et rien n'est plus logique. Les intérêts sont exigibles et vous ne me payez pas. Si vous acquittiez votre dette, j'aurais un capital que je pourrais placer aux mains d'un tiers qui m'en paierait d'intérêt. Ma bienveillance envers vous ne doit pas être la source d'un préjudice. Je pourrai vous réclamer des intérêts.

(1) *Répertoire*, vis. PRÊT A INTÉRÊT, n°. 142.

Oui, sans doute, rien n'est plus logique que cette conséquence; mais aussi il est impossible de trouver une plus flagrante violation de l'article 1154. Les intérêts ne doivent produire des intérêts que lorsqu'ils sont dus pour une année entière; ainsi le veut l'article. Or, ici le débiteur ne doit des intérêts que pour six mois. Donc, ces intérêts ne peuvent pas produire intérêt (1). — N'est-ce pas là une nouvelle preuve de la fausseté juridique de l'opinion qui permet de stipuler des intérêts pour moins d'une année, puisque la conséquence nécessaire de cette doctrine est la violation évidente d'un texte de loi?

Ces dispositions, qui n'ont pas de raison d'être, dans lesquelles les inconvénients auxquels l'art. 1154 a voulu parer ne se rencontrent pas, devraient disparaître de nos Codes. Si les jurisconsultes n'ont pas signalé ces anomalies, qui, sous prétexte de favoriser le débiteur, tournent à son détriment, c'est d'abord que la pratique s'est chargée de suppléer à l'insuffisance de la loi, bien plus, de la modifier; c'est qu'aussi toutes ces questions ne se présentent pas toujours réunies, et que l'on n'arrive pas aux conséquences extrêmes que nous venons de signaler et qui résultent du conflit de nos textes.

79. Nous venons d'examiner et de suivre, dans ses applications les plus importantes, la règle posée dans l'art. 1154. Pour que les intérêts puissent eux-mêmes

(1) Mourlon, *Répétitions écrites*, Cod. Nap., t. II, 4ᵉ éd., p. 526.

produire des intérêts, soit par une demande judiciaire, soit par une convention, il faut qu'ils soient dus au moins pour une année entière.

L'art. 1155 apporte quatre exceptions à cette règle. « Néanmoins les revenus échus, tels que fermages, loyers, arrérages de rentes perpétuelles ou viagères, produisent intérêt du jour de la demande ou de la convention. — La même règle s'applique aux restitutions de fruits et aux intérêts payés par un tiers au créancier, en acquit du débiteur. »

Examinons rapidement chacune de ces exceptions.

80. La loi nous dit que les fermages et loyers ne tombent pas sous le coup de l'art. 1154, et peuvent devenir générateurs d'intérêts, quoique dus pour moins d'une année. — Est-ce bien là une exception? L'art. 1154 a trait aux obligations qui consistent dans le paiement d'une somme d'argent, et il prévoit le cas où les intérêts échus des capitaux peuvent produire eux-mêmes des intérêts. Or, ici, il s'agit de loyers de maisons et de fermes, et non pas d'intérêts dans le sens spécial du mot. Nous n'étions donc pas dans la règle, et il était inutile de formuler une exception.

Ajoutons qu'à un autre point de vue encore, et par le même motif, l'art. 1154 ne pouvait être appliqué. Rien ne s'oppose à ce que les fermages ou loyers soient stipulés payables tous les trois mois ou tous les six mois. Il était dès-lors rationnel de permettre qu'à l'échéance ils produisissent des intérêts.

81. L'art. 1155 parle, en second lieu, des restitutions de fruits que le possesseur de mauvaise foi est condamné à faire au propriétaire. Les intérêts produits ne sont pas des intérêts de capitaux; ce sont des intérêts produits par des fruits. Nous n'étions donc pas dans la règle, et l'exception était inutile.

Il pourrait se faire, cependant, que le possesseur de mauvaise foi d'une créance en eût touché les intérêts. Il s'agirait bien alors d'intérêts produits par des intérêts, et, à ce point de vue, la disposition de notre article avait sa raison d'être.

Elle peut se justifier encore par un souvenir historique. Nous avons mentionné déjà la disposition de la loi 15, D., *De usuris : Neque eorum fructuum... qui prius percepti quasi malæ fidei possessori condicuntur, usuras præstari oportere*, et nous avons dit que la solution contraire était plus rationnelle et plus conforme aux principes. On comprend donc que les rédacteurs du Code Napoléon aient cru devoir s'expliquer et abroger complètement l'ancienne règle posée par la législation romaine.

82. Quant aux arrérages de rentes perpétuelles ou viagères, très-souvent constituées moyennant une somme d'argent, ils eussent pu tomber sous l'empire de l'art. 1154. Le législateur, voulant les excepter de la règle, devait s'en expliquer formellement.

Les motifs qui ont déterminé le législateur sont ceux-ci : — Pour les rentes perpétuelles, il faut bien reconnaître que la situation du débi-rentier est plus favorable que celle d'un débiteur ordinaire. Jamais, si ce n'est dans les hypothèses prévues par l'art. 1912, le crédi-rentier ne peut exiger le remboursement, tandis que le débiteur a toujours le droit, au moment où la situation lui paraît favorable, de se libérer du service de la rente en offrant au créancier le capital fixé pour le rachat. Cette position du débi-rentier diffère même à un tel degré de celle d'un débiteur ordinaire, que notre ancien Droit français, empreint d'un rigorisme si outré dans toutes les questions qui touchaient à l'usure, permettait lui-même de percevoir un intérêt de son argent, lorsqu'on employait la forme d'une constitution de rente.

L'exception, en matière de rente viagère, est plus facile encore à justifier. Nous sommes alors en présence d'un contrat aléatoire qui, l'article 1976, Cod. Nap. le déclare, peut être formé au taux qu'il plaît aux parties contractantes de fixer. La loi n'a pas, dans ce cas, les craintes et les préoccupations qui ont inspiré l'article 1154. Celui que le législateur protége, c'est le débiteur malheureux pressé par le besoin et la misère, et non pas le spéculateur qui se livre à ces opérations pleines de hasard que notre ancien Droit qualifiait de *pacta corvina, votum alicujus mortis continentia*.

83. J'arrive enfin à la dernière exception mentionnée par l'article 1155. Elle est plus grave et demande quelques explications. Les intérêts payés par

un tiers au créancier, en acquit du débiteur, produisent intérêt du jour de la demande ou de la convention, encore qu'ils soient dus pour moins d'une année entière. Primus doit à Secundus un capital et des intérêts dont ce dernier ne pourrait réclamer l'intérêt. Je vais trouver Secundus et, en l'acquit de Primus, je paie tout ce qui lui est dû, intérêts et principal. — Plus tard, je m'adresse à Primus, afin d'obtenir le remboursement de mes avances, et je réclame l'intérêt des sommes que j'ai versées pour éteindre non-seulement le capital, mais encore les intérêts. En un mot, je demande à Primus de me payer, à moi, des intérêts d'intérêts, alors qu'il n'en devrait pas au créancier par moi désintéressé. La base de cette prétention, c'est que, pour moi, la somme que j'ai payée ne se subdivise pas en principal et intérêts. Le jour où j'ai désintéressé le créancier de Primus, j'ai déboursé un capital. De lui à moi, il n'y a rien de plus, et je peux raisonnablement et équitablement réclamer les intérêts de ce capital tout entier.-

La loi semble accueillir, dans tous les cas et sans aucune espèce de distinction, le raisonnement du tiers intervenant. — Un doute peut cependant rester dans les esprits. Rien de mieux, assurément, que d'acquiescer à la demande du tiers, dans le cas où c'est par l'ordre du débiteur que le paiement a été fait. Mais on peut supposer que le tiers a agi sans l'ordre du débiteur ; qu'il est un simple gérant d'affaires, qui, de son propre mouvement et sans avoir reçu aucune mission à cet effet, a payé le créancier.

Le débiteur ne pourra-t-il pas légitimement se plaindre ? Sa situation a-t-elle pu être aggravée par le fait d'un tiers ? Ne peut-il pas dire : Vous avez payé mon créancier ; vous avez aujourd'hui tous les droits qu'il aurait pu exercer contre moi ; mais vous n'avez que ses droits !

Cette prétention du débiteur sera vraie ou fausse suivant les cas, et c'est ainsi qu'il faut entendre, à mon avis, la disposition de l'art. 1155, de façon à ne léser les droits d'aucune des parties intéressées. — De deux choses l'une : le tiers, en faisant le paiement au nom du débiteur , a-t-il géré utilement l'affaire de celui-ci ? Il aura alors l'action *negotiorum gestorum* et pourra demander le remboursement de toutes ses avances et les intérêts de ces avances.— Ou, au contraire, il n'aura pas géré utilement l'affaire, et il n'aura pas plus de droits que le créancier n'en aurait eu ; s'il éprouve un préjudice, il devra se l'imputer à lui-même.

Ainsi, le débiteur est à la tête d'un grand crédit et le créancier ne songe pas à le poursuivre. Un tiers va officieusement offrir au créancier le capital et les intérêts. Puis il s'adresse au débiteur et lui réclame les intérêts de la totalité de son avance. — Le débiteur pourra le repousser et lui dire : Vous n'avez pas fait mon affaire ; je vous rembourserai seulement ce que j'aurais dû payer à mon créancier.

Au contraire, le créancier pressait le débiteur qui ne pouvait payer. Des saisies allaient être pratiquées ; elles étaient même commencées. Par intérêt pour le débiteur, pour le sauver d'une faillite ou d'une déconfiture, un tiers paie le créancier. Il donne du répit au débiteur; puis, quand il vient réclamer les intérêts de la somme totale, il se voit repoussé par le débiteur qui soutient que sa situation a été aggravée. — Le tiers sera fondé à répondre : En payant votre créancier, j'ai éteint votre dette; je vous ai soustrait aux poursuites qui allaient vous atteindre. J'ai bien géré votre affaire, et comme tel j'ai droit à l'action *negotiorum gestorum*. L'ancienne dette a disparu; c'est une dette nouvelle qui pèse sur vous et dans la composition de laquelle il n'y a pas à distinguer un principal et des intérêts. Il n'y a plus qu'un capital. Je ne suis pas seulement subrogé aux droits du créancier; je suis un nouveau créancier, et, aux termes de l'art. 2001, je vous réclame des intérêts.

84. Et ceci nous amène à une question voisine qui devra être résolue par une application des mêmes principes.

Le subrogé, dans les termes des art. 1250 et 1251, peut-il, en vertu de la subrogation, exiger les intérêts des intérêts par lui payés au créancier désintéressé ? — Nous avons vu que la loi 12, § 6, D., *Qui potiores in pignore*, lui refusait ce droit, toujours et sans distinction.

Je crois que, dans notre Droit, il faut distinguer suivant que le créancier subrogé est en présence des autres créanciers hypothécaires, ou seulement en

présence du débiteur et des créanciers chirographaires de celui-ci.

Dans ses relations avec le débiteur et les créanciers
chirographaires, le subrogé, qui pourra soutenir qu'il
a été un utile *negotiorum gestor*, pourra réclamer
l'intérêt des intérêts par lui acquittés.

Mais, vis-à-vis des créanciers hypothécaires, le
créancier subrogé ne pourra réclamer plus que l'ancien créancier eût pu exiger (1). La subrogation n'est
pas pour les créanciers postérieurs la source d'un
préjudice ; résultat qui se produirait fatalement si les
demandes du nouveau créancier pouvaient être plus
considérables que les droits de celui qu'il a payé. —
Et, d'ailleurs, l'hypothèque de ce dernier ne devait
garantir que le capital et les intérêts du capital ; point
les intérêts des intérêts. C'est seulement dans cette
mesure qu'elle primait les créanciers postérieurs.—
Donc, le subrogé aux droits et à l'hypothèque du
créancier n'est subrogé que pour le capital et les
intérêts du capital (2). — Sa créance pour l'intérêt des intérêts, s'il peut la faire valoir, ne vaudra
que comme créance chirographaire.

85. Nous aurions enfin, pour compléter ce sujet,
à développer une cinquième exception à l'article
1154, exception admise en matière de commerce par

<hr>

(1) Mourlon, *Traité des subrogations personnelles*, p. 29.

(2) Gauthier, *Traité de la subrogation de personnes*, nᵒˢ. 60 et
184.

les usages, la doctrine et la jurisprudence. Les sommes portées en compte courant produisent des intérêts, qui peuvent être capitalisés aux époques périodiques où s'opère la balance du compte, tous les trois mois ou tous les six mois. Nous nous bornons à signaler cette exception, sans nous expliquer sur sa légitimité et sur les nombreuses difficultés qu'elle devait naturellement susciter en l'absence de toute disposition législative (1). Nous aurions à reprendre chacun des principes que nous avons exposés, chacune des applications que nous en avons faites. Nous aurions à nous prononcer sur les grandes controverses qui dominent la législation commerciale tout entière. — En face de la très-vaste carrière qui nous reste encore à parcourir, on nous permettra d'échapper à cette digression et de nous renfermer exclusivement dans le domaine du Droit civil.

CHAPITRE V.

PRESCRIPTION DES INTÉRÊTS.

86. Art. 2277. « Les intérêts des sommes prêtées se prescrivent par cinq ans. »

Les anciens avaient déjà compris les menaces de ruine qu'accumule sur la tête d'un débiteur l'agglomération des intérêts. Nous avons rappelé plus haut

----

(1) **Eugène Paignon**, *Théorie légale des opérations de banque*, p. 161-185, nᵒˢ. 161-175.

cette loi romaine qui, à l'imitation de l'antique législation égyptienne, s'opposait à ce que les intérêts pussent dépasser le chiffre de la somme principale dont ils devaient rester l'accessoire (1).

Sous l'ancien Droit français, une ordonnance de 1510, œuvre du roi Louis XII, soumit à la prescription quinquennale les arrérages de rente qui, jusqu'alors, comme les intérêts, pouvaient atteindre des proportions illimitées : « Plusieurs sont mis à pauvreté et destruction, disait l'ordonnance, pour les grands arrérages que les acheteurs laissent courir sur eux et qui montent souvent plus que le principal (2). » — Ces motifs s'appliquaient également aux intérêts des sommes prêtées ; mais la loi ne parlait que des rentes, et on se garda bien d'étendre sa disposition.

Un homme, dont le nom restera à jamais attaché aux grandes tentatives de codification qu'il était donné à notre siècle de réaliser, le chancelier Michel de Marillac, voulut mettre un terme à cette anomalie et, dans l'ordonnance de 1629, il inséra la disposition suivante : « L'interpellation ou demande en justice des intérêts d'une somme principale, ores qu'elle eût été suivie de sentence, ou que les dits intérêts soient adjugés par sentence ou arrêt, n'acquerra intérêt pour plus de cinq ans, si elle n'est continuée et réitérée (3). »

(1) L. 27, § 1 ; l. 29 ; l. 30, C., *De usuris.* — V. *supra*, p. 38.
(2) Ordonnance de juin 1510, art. 71.
(3) Ordonnance de janvier 1629, art. 150.

Mais l'œuvre de Marillac tomba avec son auteur. Le 11 novembre 1630, dans cette journée restée fameuse sous le nom populaire de Journée des Dupes, où la fortune de Richelieu subit de si étranges alternatives, Marillac, qui avait eu le tort d'entrer dans la cabale de Marie de Médicis pour hâter la chute du grand ministre, se voyait arrêté à Versailles par les ordres du roi, enfermé dans une prison; et le chagrin abrégeait ses jours au moment où, sur la place de Grève, sous la hache du bourreau, se courbait la tête de son frère, le maréchal Louis de Marillac, victime comme lui des rancunes de Richelieu, et qui, calme et résigné sur l'échafaud, payait la peine de leur attachement commun à la Reine-Mère.

Les Parlements ne pouvaient se dissimuler l'importance de l'œuvre du chancelier. Mais on peut reprocher à ces grands corps judiciaires de n'avoir pas « travaillé avec assez d'ardeur à l'unité de la législation (1). » Ils refusèrent l'enregistrement de l'ordonnance de 1629, et le marquis de Châteauneuf, le successeur de Marillac dans la garde des sceaux, et le président de la commission qui avait fait périr Louis de Marillac, était trop dévoué à Richelieu pour vouloir briser la résistance des Parlementaires. On s'habitua à laisser dans l'oubli ce grand monument législatif, auquel le ridicule même ne fut pas épargné. Le Code Michaud disparut et bon nombre des

____

(1) M. Bertauld, *Philosophie politique de l'histoire de France,* p. 83.

dispositions qu'il cherchait à introduire durent attendre, pendant près de deux siècles, le bouleversement de l'ancienne société, avant de s'établir définitivement dans notre Droit.

Les rédacteurs du Code s'empressèrent de généraliser l'heureuse disposition de l'ordonnance de 1510, et de reprendre l'œuvre de Marillac, en assimilant, dans l'art. 2277, les intérêts des sommes prêtées aux arrérages de rente.

L'accumulation des intérêts, cette dette qui doit être payée aux dépens du revenu, n'a pas pour le débiteur de moindres dangers que l'anatocisme. En présence d'un créancier négligent qui omet de réclamer à chaque échéance la somme à lui due, qui peut-être laisse volontairement sa victime s'endormir dans une trompeuse sécurité, le débiteur ne prend pas sur les fruits ce qui est indispensable pour désintéresser un jour le créancier. Il les consomme entièrement : *lautius vivit*, et, l'époque venue où il devra remplir ses engagements, où il aura vingt ou trente années d'intérêts à payer, sa ruine sera complète et son patrimoine dévoré. Il était donc du devoir du législateur de se préoccuper d'une situation aussi favorable, de forcer le créancier à exercer plus diligemment ses poursuites, et de préserver le débiteur contre des entraînements auxquels il pouvait succomber.

Il faut cependant reconnaître que, malgré la généralité de l'art. 2277, malgré ces paroles significatives de M. Bigot-Préameneu : « La crainte de la ruine des débiteurs étant admise comme un motif d'abréger le temps ordinaire de la prescription, on ne doit excepter aucun des cas auxquels ce motif s'applique (1) : » les tendances de la jurisprudence et celles de la doctrine ont été et sont encore, dans une certaine mesure, opposées à l'extension de la prescription quinquennale. La résistance apportée par les Cours et les auteurs tend cependant à disparaître. Pour nous, nous sommes intimement convaincu qu'on n'entrera véritablement dans la pensée des rédacteurs du Code qu'en généralisant, autant qu'il sera possible de le faire, cette prescription éminemment digne de faveur.

On a soutenu notamment que l'art. 2277 ne s'appliquait pas aux intérêts d'une dot, aux intérêts d'un prix de vente, aux intérêts moratoires et aux intérêts du reliquat d'un compte de tutelle ou de mandat avant l'apurement du compte.

87. Le premier point ne pouvait offrir une difficulté sérieuse. Les intérêts d'une dot sont prescriptibles par cinq ans. Il n'y a pas de valables motifs pour échapper à l'art. 2277. Aussi, sur cette question, la controverse n'a pas été de longue durée (2).

Mais on peut se demander si l'article s'appliquera, alors même que la dot a été promise par la femme

____

(1) Locré, *Législation civile*, t. XVI, p. 585.

(2) Pau, 13 février 1861, *Moniteur des Tribunaux*, 1861, jurisprudence générale, n°. 258.

au mari. J'éprouve ici une grande hésitation. Les motifs de l'art. 2277 trouvent leur place dans cette hypothèse, comme dans toutes celles que l'on peut imaginer, et ce serait le cas de se référer aux paroles de M. Bigot-Préameneu. — Mais l'art. 2253 décide que la prescription ne court pas entre époux. Or, le législateur, qui, dans l'art. 2278, a cru devoir apporter une dérogation formelle à la règle écrite dans l'art. 2252 pour les mineurs et interdits, et qui permet d'opposer à ceux-ci la prescription quinquennale, n'a rien dit de pareil pour les conjoints. L'article 2253 subsiste donc. — Le législateur a, sans doute, payé tribut à l'ancien adage romain : *Inter conjuges res non sunt amare tractandæ.* « L'union intime qui fait le bonheur des époux est en même temps si nécessaire à l'harmonie de la société, que toute occasion de la troubler est écartée par la loi (1). » Or, « un époux prescrivant contre son propre conjoint, un époux obligé d'agir contre son conjoint pour interrompre une prescription, sont des choses qui répugnent et que la loi ne pouvait certes pas permettre (2). » — D'autre part, un autre adage : *Nemo donare præsumitur,* s'oppose à ce qu'on voie dans le silence du mari l'intention de conférer une donation à la femme. — Ajoutons toutefois que, eu égard à la nature même des pouvoirs qui, le plus souvent, appartiennent au mari, administrateur de l'association

(1) Locré, *Législation civile*, t. XVI, p. 570.
(2) Marcadé, *De la prescription*, p. 163.

conjugale, chargé de percevoir et d'encaisser les produits des biens de la femme, la question que nous venons de soulever ne devra se présenter que rarement.

88. Lorsqu'il s'est agi des intérêts d'un prix de vente, la lutte a été plus vive qu'en matière d'intérêts de la dot, et pendant long-temps une jurisprudence incontestable a décidé que l'article 2277 s'appliquait bien au cas où des intérêts conventionnels avaient été stipulés par les parties, mais non pas à l'hypothèse dans laquelle la loi fait courir les intérêts de plein droit. Cette doctrine s'appuyait sur deux arguments :— 1°. Les intérêts sont la représentation des fruits que l'acquéreur perçoit. Or, il serait injuste de permettre à celui-ci de bénéficier tout à la fois des intérêts et des fruits : *Cum re emptor fruatur, æquissimum est eum usuras pretii pendere* (1). — 2°. Ces intérêts ne sont pas payables à des époques périodiques et dès lors ne tombent pas sous l'empire de l'article 2277, qui ne s'occupe que des intérêts payables à des termes périodiques (2).

Nous retrouverons bientôt ce second argument, et nous espérons établir alors qu'il ne faut pas s'y arrêter. Nous le voyons toujours mis en avant dans toutes les controverses qui nous occupent, et cependant

____

(1) **L. 13, § 20, D.**, *De actionibus empti et venditi.*

(2) Fœlix et Henrion, *Traité des rentes foncières*, n°. 244, *a*, p. 447, note 1.

il n'a aucune valeur. — Quant au premier motif invoqué par la thèse que nous repoussons, c'est la reproduction des raisons que nous avons nous-même données pour justifier la disposition de l'art. 1652. Mais il ne s'agit plus ici de légitimer l'intérêt légal en matière de vente. Il faut voir seulement si le créancier a été négligent, s'il peut encore invoquer l'art. 1652, et si les motifs de l'art. 2277 ne se rencontrent pas. — La faute du créancier est manifeste et la sollicitude que le législateur témoigne, en général, au débiteur trouve aisément sa place. Sans doute, les intérêts sont la représentation des fruits. Mais, voyant que vous ne réclamiez rien, oubliant votre droit, le débiteur a consommé tous les fruits de la chose. Ce que le législateur n'a pas voulu, c'est que votre indolence forçât votre acquéreur à prendre sur le capital de sa fortune pour satisfaire votre demande trop morosive ; c'est que, pour vous payer ces intérêts, il fallût « vendre et distraire tous les biens de l'acheteur et faire tomber lui et ses enfants en mendicité et misère (1). » Votre débiteur pourra donc vous opposer l'art. 2277. — N'oublions pas d'ailleurs que, dans notre ancien Droit, l'ordonnance de 1510 s'occupait des rentes. Or, les rentes étaient souvent constituées comme prix de vente d'un immeuble. Les arrérages étaient alors la représentation des fruits de la chose ; et cependant la loi du 20 août 1792 avait étendu l'ordonnance à cette hypothèse. N'y a-t-il pas complète identité

____

(1) Ordonnance de juin 1510, art. 71.

de motifs pour mettre sur la même ligne, au point de vue de la prescription, les arrérages d'une rente foncière et les intérêts du prix de vente d'un immeuble?

89. J'arrive, sinon à la plus difficile, au moins à la plus célèbre de nos questions. Mais, en présence des remarquables travaux qu'elle a suscités, on nous permettra d'être très-bref pour éviter des redites. L'art. 2277 s'applique-t-il aux intérêts moratoires?

Dans une consultation restée fameuse, M. Ravez soutint, en 1834, que les intérêts moratoires n'étaient pas soumis à la prescription quinquennale. Son argumentation était bien simple.

L'ancien Droit ne renfermait aucune disposition analogue à l'art. 2277. Le président de Lamoignon nous atteste que l'ordonnance de 1510 n'était pas et ne devait pas être étendue aux intérêts moratoires : « On ne peut demander que cinq années, tant des arrérages des rentes constituées à prix d'argent que des intérêts des sommes pour une fois payer, de quelque nature qu'elles soient, s'il n'y a une demande judiciaire suivie de condamnation (1)... » De même,

(1) *Recueil des arrêtés de Lamoignon*, t. XXIX, n°. 4. — Édition de 1777, t. I, p. 169. — Le Président ajoute : « ..... Et ne sera la prescription de cinq années interrompue par un simple exploit de commandement » ; probablement : « à cause de la facilité des sergents, qui font hardiment et sans scrupule tels exploits et antidates que l'on désire. C'est pourquoi il semblerait à propos de renouveler l'ordre et de prescrire des solennités particulières pour les exploits de cette qualité. » (T. II, p. 209.)

le président Favre, qui avait fait admettre par un édit
du duc de Savoie la prescription quinquennale, enseignait qu'elle ne s'appliquait pas, lorsqu'un jugement
était intervenu.

Or, qu'a fait l'art. 2277? Il n'a modifié l'ancien
état de choses que relativement aux intérêts conventionnels. Les intérêts moratoires continuent donc
d'être soumis aux principes qui les régissaient sous
l'empire de l'ancienne législation. Cette différence
entre les intérêts conventionnels et les intérêts moratoires n'est-elle pas d'ailleurs facile à expliquer?
Lorsqu'il s'agit d'intérêts conventionnels, le créancier
n'a pas fait de diligences contre son débiteur et il est
en faute. Au contraire, en matière d'intérêts moratoires, la mise en demeure, et même, si on le veut,
l'obtention d'un jugement, prouvent suffisamment
que le créancier n'a pas été négligent.

On invoque enfin un argument que nous avons
déjà signalé. La loi soumet à la prescription de cinq
ans tout ce qui est payable par année, ou à des termes périodiques plus courts. Or, les intérêts moratoires ne sont pas dus par année ou par termes plus
courts; ils sont toujours exigibles. Ils ne tombent
donc pas sous l'art. 2277.

Ainsi donc, histoire, raison, texte de l'article, tout
est réuni pour repousser l'extension de l'art. 2277
aux intérêts moratoires.

Cette argumentation, dont nous ne donnons qu'une
analyse bien tronquée et bien imparfaite, était admirablement développée par l'auteur. Mais elle n'a

rallié cependant qu'un petit nombre de partisans, et les derniers commentateurs de notre Code, M. Trop-long (1) et M. Marcadé (2), la combattent énergique-ment. — Mon intention n'est pas de reproduire, en les affaiblissant, les remarquables dissertations de ces éminents jurisconsultes, et je voudrais pouvoir m'y référer simplement. Je dois, toutefois, répondre som-mairement aux arguments de M. Ravez.

Nous avons vu que l'ordonnance de 1510 avait restreint la prescription quinquennale aux arrérages de rente, et que l'art. 150 de l'ordonnance de 1629 avait généralisé cette disposition : « L'interpellation ou demande en justice des intérêts d'une somme principale, ores qu'elle eût été suivie de sentence, ou que lesdits intérêts soient adjugés par sentence ou arrêt, n'acquerra intérêts pour plus de cinq ans, si elle n'est continuée et réitérée. » — Sans doute, l'ancien Droit n'appliqua pas cet art. 150. Mais l'in-tention des rédacteurs de notre Code fut précisé-ment de réparer l'erreur des anciens Parlements, et de remettre en vigueur, dans toute sa généralité, la règle posée par le Code Michaud. On ne saurait en douter en présence des paroles de M. Bigot-Préa-meneu, qui éclairent toutes ces questions : « La crainte de la ruine des débiteurs étant admise comme un motif d'abréger le temps ordinaire de la prescrip-tion, on ne doit excepter aucun des cas auxquels ce

______

(1) *Commentaire de la prescription*, nᵒˢ. 1013 à 1022.
(2) *Commentaire de la prescription*, art. 2277. 4°., p. 226-232.

motif s'applique. » Or, les dangers de l'accumulation
des intérêts moratoires sont-ils donc moins considérables que ceux qui peuvent résulter de l'agglomération des intérêts légaux ou conventionnels? La négative me paraît empreinte de ce caractère d'évidence
qui ne comporte pas la discussion. L'intention du
législateur est donc manifeste, et, si l'on peut adresser un reproche au rédacteur de l'article, c'est
d'avoir négligé de reproduire la sage énumération
de Michel de Marillac, pour employer la formule
ambiguë et concise à laquelle il s'est arrêté.

Quant à l'opinion de Lamoignon, elle n'a que la
valeur d'une opinion individuelle, et peut-être n'est-
elle pas entièrement dégagée de cet esprit d'opposition et de résistance à l'œuvre de 1629, traditionnel
dans la haute compagnie qu'il présidait. — Pour ce
qui est du témoignage de Favre, il ne fait que redire
pour la Savoie ce que tous les arrêtistes des Parlements déclaraient à l'envi, à savoir que, presque
nulle part, dans l'ancienne jurisprudence, la prescription quinquennale ne s'appliquait aux intérêts. M. Ravez s'est laissé influencer par les souvenirs du Parlement de Bordeaux, qui, plus rigoureux que tous ses
rivaux du pays de Droit écrit, décidait que: « les
intérêts adjugés par sentence ou arrêt durent autant
que l'exécution de ce jugement, et ne peuvent être
éteints qu'avec le principal par la prescription ; qu'ainsi
ils peuvent excéder ce même principal (1)», alors que

____

(1) Lecamus-d'Houlouve, *Traité des intérêts*, p. 321, éd. 1774.

les autres Parlements du midi, tout en repoussant le Code Michaud, ne voulaient pas que les intérêts dus *ex officio judicis* pussent excéder le double du principal. Le savant jurisconsulte n'a pas tenu assez de compte des idées nouvelles, et des projets de réforme attestés par les travaux préparatoires.

Écartons donc les considérations historiques et voyons si la thèse de **M. Ravez** offre plus de solidité sur le terrain même de notre article 2277. A n'entendre que l'éminent avocat bordelais, ni le texte, ni les motifs du texte ne seraient applicables aux intérêts moratoires.

Je veux bien convenir que l'article 2277 n'est pas rédigé avec toute la correction désirable; et, si on le prenait à la lettre, on arriverait à des résultats que personne ne voudrait accepter. La loi déclare sujet à la prescription de cinq ans tout ce qui est payable par année! — Je vous prête cent mille francs remboursables par fractions annuelles de dix mille francs. Dira-t-on qu'à l'expiration du délai de dix ans, si j'ai toujours gardé le silence, je ne pourrai plus exiger de vous que cinquante mille francs? Nul n'oserait le soutenir, et, cependant, le texte est formel. C'est donc qu'il ne faut pas se borner à consulter les termes de la loi, et qu'il faut encore s'enquérir de son esprit.

Mais est-il exact même de soutenir que les intérêts moratoires ne sont pas payables à des époques périodiques? Lorsque le créancier viendra réclamer sa créance et les accessoires, ne procédera-t-on pas à la liquidation en calculant les intérêts par année (1)? Ne sera-ce pas là le terme périodique qui sera pris pour base des opérations, et ne se retrouvera-t-on pas sous l'empire de l'art. 2277 ? Si vous ne calculez les intérêts pour des époques périodiques, l'année ou des fractions d'année, je me demande comment vous procéderez pour arriver à la reddition de vos comptes.

On pourrait donc, sans faire trop de violence à la lettre même de la loi, appliquer l'article 2277. Mais ce qu'il faut surtout envisager, c'est la pensée du texte, et on ne peut hésiter à dire qu'elle est contraire à l'opinion de M. Ravez.

Et les motifs du texte? Nous les avons déjà indiqués. Mais M. Ravez soutient qu'ils ne sont pas applicables : 1°. parce que la prescription est faite pour punir le créancier négligent, et qu'on ne peut adresser de reproches à celui qui a exercé des poursuites et obtenu un jugement;— 2°. parce que, le jugement étant une interpellation continuelle adressée au débiteur d'avoir à remplir ses engagements, toute prescription est impossible.—A ces deux raisons j'apporte deux réponses.

1°. Sans doute, le créancier, à une certaine époque, il y a dix ans, vingt ans peut-être, a donné des preuves d'activité. Mais, depuis, qu'a-t-il fait? Il a été négligent et tout aussi répréhensible que le créancier

____

(1) Sous l'empire de l'ordonnance d'Orléans, ces intérêts étaient considérés comme annuels. Voyez *supra*, n°. 10, p. 100.

conventionnel, qui, après avoir cherché un placement
et l'avoir trouvé, reste, pendant dix ans ou vingt ans,
sans agir contre son débiteur. La situation est iden-
tiquement la même. Dans les deux cas, la loi doit
punir la négligence du créancier, et, selon l'expression d'un vieil auteur, c'est en haine de cette
négligence qu'elle le forclôt.

2°. Sans doute encore, *actiones semel inclusæ judicio
salvæ permanent*. La prescription ne court pas pendant l'instance. Mais, s'il est vrai de dire, avec
M. Ravez, que le jugement une fois rendu est une
interpellation continuelle, je le demande, à quelle
époque pourra-t-on prescrire sa libération, lorsqu'on
aura été condamné par une sentence judiciaire?

Je crois donc fermement, pour ma part, que l'art.
2277 s'applique aux intérêts moratoires.

90. J'aborde enfin l'examen de la quatrième difficulté, la plus délicate assurément, et sur laquelle
j'éprouve encore quelque perplexité. — L'art. 2277
s'applique-t-il aux intérêts des sommes dues par
compte-courant, compte de tutelle ou de mandat,
lorsqu'il s'agit d'intérêts courus depuis la cessation
de ces comptes jusqu'à la demande en reddition? —
Par exemple : Primus était tuteur de Secundus, et la
tutelle a pris fin en 1851. Le compte de tutelle n'a
pas été immédiatement apuré et l'on n'a pas fixé les
sommes dont Primus était reliquataire. Ce n'est qu'en
1861 que Secundus intente, contre son ex-tuteur,
une action qui a pour résultat de condamner Primus

à remettre à Secundus la somme de cent mille francs dont il était comptable à raison de la tutelle, plus les intérêts de cette somme. Secundus sera-t-il en droit d'exiger les intérêts des dix années écoulées depuis 1851 à 1861?

Tous les auteurs, à l'exception d'un seul, et tous les arrêts, n'hésitent pas à résoudre cette question par l'affirmative, et c'est à peine si quelques-uns croient devoir motiver leur solution (1). On invoque en ce sens l'adage : *Contrà non valentem agere non currit præscriptio.* Jusqu'au réglement intervenu en 1861, on ne savait qui était créancier ni qui était débiteur; et, dès-lors, aucune des deux parties ne pouvait réclamer à l'autre des intérêts ; et on reproduit cet argument que nous avons déjà plusieurs fois rencontré : L'art. 2277 s'applique aux intérêts payables à des termes périodiques. Or, tels ne sont pas les intérêts dus pour le reliquat d'un compte de tutelle.

Cette doctrine, si généralement admise, a été récemment attaquée par M. Charles Ballot, à l'opinion duquel je crois devoir me rallier (2). — Je ne répondrai pas au second argument, invoqué en faveur de la thèse adverse. Je crois avoir suffisamment démontré la généralité de l'art. 2277, et je pourrais, sur ce point, appeler à mon aide M. Troplong, M. Marcadé et M. Mourlon.

---

(1) M. Troplong, n°s. 1027-1029. — M. Marcadé, p. 233. — M. Mourlon, 3e. examen, 4e. édit., p. 744. — Douai, 22 avril 1857 (D. P., 58. 2. 32).

(2) *Revue pratique*, t. Ier., 1856, p. 112 et suiv.

Reste donc la maxime : *Contra non valentem agere,
non currit præscriptio.* — M. Troplong a dit quelque
part qu'il faut bien se garder de prendre tous les
brocards à la lettre, que presque tous visent à frapper l'esprit par un tour original, sans trop s'inquiéter
si les mots ne dépassent pas le but (1). Ces paroles
trouveraient leur application dans notre espèce. La
prescription court contre le dément non interdit que
personne ne représente, tandis qu'elle est suspendue
lorsqu'elle pourrait atteindre le mineur et l'interdit,
sur les intérêts desquels tout un ensemble de fonc-
tionnaires est chargé de veiller. N'exagérons donc pas
la portée des mots. — Le mineur, devenu majeur, n'a-
vait-il pas d'ailleurs la possibilité d'agir? Le créancier
a fait preuve de négligence : il pouvait actionner son
tuteur et réclamer les intérêts comme le capital. La
créance n'était pas liquide, je le veux, mais il pouvait la faire liquider. Et d'ailleurs, le défaut de réglement d'une créance ne fait pas obstacle au cours de
la prescription. La preuve en est que, si le mineur
laissait écouler trente ans depuis le jour où l'action
s'est ouverte (2) sans la mettre en mouvement, son
droit serait complètement éteint. Or, si la maxime
était applicable à notre sujet, c'est surtout lorsqu'il
s'agit de préserver le principal qu'on pourrait l'invo-

(1) *Commentaire du mandat*, Préface, p. 6.

(2) M. Demolombe dirait dix ans. Pour éviter toute controverse, et
sans qu'il soit besoin de me prononcer sur la difficulté, je prends une
époque où, de l'aveu de tous, la prescription serait accomplie (Demolombe, t. VIII, n°. 157).

quer. — Et qu'on ne dise pas que c'est l'action en reddition de compte qui serait alors prescrite et non pas la créance. Le même raisonnement s'appliquerait aux intérêts, et, de plus, au point de vue de la prescription, il est bien difficile de distinguer quant au résultat final entre la créance et l'action.

Ajoutons que le système de M. Troplong aurait pour résultat de traiter plus défavorablement le créancier qui aurait fait preuve d'activité que celui qui serait resté dans une complète inertie. Si le mineur, devenu majeur, avait fait liquider immédiatement sa créance, et était resté dix ans sans réclamer des intérêts, incontestablement on pourrait repousser sa demande par l'article 2277, tandis que le mineur qui n'a rien fait pourrait réclamer dix années d'intérêt.

Sans doute, pendant la durée des opérations du compte, la prescription ne courra pas; et il en sera de même si un long procès s'engage à l'occasion de la reddition du compte. Alors, il n'y a pas négligence du créancier. Mais, dès que celui-ci est en faute, la loi vient au secours du débiteur en prononçant sa libération.

91. Ainsi donc, et c'est la conclusion qui ressort nécessairement des explications dans lesquelles je viens d'entrer sur les quatre questions qui précèdent, partout où nous trouverons réunis la négligence du créancier et des périls de ruine pour le débiteur, nous appliquerons l'art. 2277. Nous soumettrions donc à la prescription quinquennale les

intérêts des sommes sujettes à rapport (1), et les intérêts auxquels est tenu, à dater de la perception,
celui qui a reçu de mauvaise foi un paiement auquel
il n'avait pas droit (2).

92. Mais aussi, lorsque ces deux circonstances ne
se rencontreront pas, l'art. 2277 devra être écarté.
— Nous avons admis qu'on pouvait valablement stipuler, au moment de la formation d'un contrat de
prêt, que les intérêts ne seraient payables qu'avec le
capital, remboursable dans vingt ans (3). Le créancier,
à l'expiration des vingt années, pourra réclamer les
vingt années d'intérêts : solution que nous regret-
tons, mais qui est parfaitement juridique.

Supposons, toutefois, que le créancier a gardé le
silence pendant vingt-cinq ans. Il se ravise alors et
réclame les intérêts de vingt-cinq années. Ici, nous
retrouvons notre article. Vous, créancier, vous de-
viez agir il y a cinq ans, et réclamer une certaine
somme pour intérêts. Vous avez laissé sommeiller
votre droit pendant cinq ans. Il est prescrit et vous
ne pouvez réclamer que la prestation exigible à l'expiration de chacune des cinq dernières années. Cette
solution me paraît incontestable.

(1) Art. 856, Bastia, 5 novembre 1844 (Pal. 46, 1. 419).—*Contra*,
Troplong, n°. 1032.

(2) Art. 1378. — *Contra*, Troplong, n°. 1030. — Paris, 25 novembre 1856 (D. P., 58. 1. 117). — Metz, 29 mars 1859 (Pal.
59. 662).

(3) Voir *supra*, n°. 5, p. 88 à 90.

93. Je suspendrais encore l'application de l'art. 2277 dans l'hypothèse suivante : Primus est exproprié et un ordre est ouvert, en 1851, sur le prix d'un de ses immeubles. Mais le réglement porte que le prix doit rester entre les mains de l'adjudicataire, affecté au service d'une rente viagère hypothéquée sur l'immeuble saisi; et qu'à l'extinction de cette rente, le prix sera payé à Secundus, Tertius et Quartus, créanciers hypothécaires colloqués à des dates successives. — En 1861, la rente viagère s'éteint et Secundus réclame le paiement du capital de la dette et des dix années d'intérêts courus de 1851 à 1861. Quartus conteste cette collocation, et soutient que Secundus ne peut réclamer que les cinq dernières années.

Le tribunal de la Seine, par un jugement du 1er. février 1861, vient d'accueillir les prétentions de Secundus (1). Mais sa décision est attaquée par M. Chenal, comme violant outrageusement le texte et la pensée de la loi (2).

Pour toute réponse, je crois qu'il suffit d'analyser la décision du tribunal : La prescription n'est que la peine de la négligence du créancier, et ne peut être invoquée contre celui qui n'a pu agir. Or, les intérêts, ainsi que le capital de la créance de Secundus, ne pouvaient être exigés qu'à l'époque de l'extinction de la rente viagère. La partie du prix pour laquelle

(1) *Revue pratique*, 1861, t. XI, p. 482.
(2) *Revue pratique*, loc. cit. et 1860, t. X, p. 194.

Secundus avait été colloqué était, en quelque sorte, devenue sa propriété. Pour la conserver, il n'avait pas besoin d'exercer de diligences contre Primus. Il n'avait à agir que contre l'acquéreur, mais seulement à l'expiration du terme fixé. — Mais, jusqu'à l'extinction de la rente viagère, à quoi bon des interpellations adressées à cet acquéreur qui ne peut pas et ne doit pas se libérer ? A quoi bon, chaque année, le mettre en demeure de payer ? Quelle serait l'utilité de ces sommations, qui n'auraient pour résultat que d'augmenter les frais et de diminuer encore le gage des créanciers postérieurs ? — Il n'y a donc pas négligence du créancier. — On ne saurait craindre davantage de ruiner le débiteur direct ou l'acheteur. Le préjudice portera uniquement sur les créanciers qui viennent en seconde ligne et dont les prévisions seront peut-être trompées. Mais n'est-ce pas là l'effet habituel de l'hypothèque, de permettre aux uns de se faire payer au détriment des autres ? — J'adopte donc pleinement la solution du tribunal (1).

94. La prescription quinquennale n'est opposable que par le débiteur ; elle ne pourrait être invoquée par celui qui, ayant touché ces intérêts pour le créancier, serait appelé à en rendre compte. Les sommes versées entre ses mains ont perdu le caractère d'intérêts pour revêtir celui de capitaux dont il

____

(1) Voir M. Troplong, *Commentaire de la prescription*, n°. 1010.

est constitué débiteur envers le créancier, et, à l'action de celui-ci, il ne peut opposer que la prescription trentenaire (1).

95. Le même motif devra faire décider que, si un mandataire a payé des intérêts pour le compte de son mandant, son recours contre le mandant ne se prescrira que par l'expiration du délai de trente années. —Il en serait de même de la créance du gérant d'affaires qui, en payant le créancier, aura fait un acte utile au débiteur, et pourra se prévaloir de l'*actio negotiorum gestorum*.

96. L'art. 2277 ne reposant pas sur une présomption de paiement, mais sur des considérations d'ordre public, la prescription quinquennale ne peut être combattue ni par l'aveu, ni par le serment, et le débiteur serait fondé à s'en prévaloir, tout en reconnaissant qu'il n'a pas payé. Aussi ne doit-on pas s'étonner que le législateur, en édictant pour les petites prescriptions l'art. 2275, n'ait pas cru devoir étendre sa disposition à la prescription spéciale que nous venons d'étudier (2).

Nous avons exposé les principes qui régissent la formation et l'extinction des intérêts. Nous pourrions traiter maintenant de leur conservation et de leur distribution. Mais l'examen de ces questions nous

_____

(1) Cf. l. 29, D., *De usuris.* — Metz, 17 août 1858 (D. P. 59. 2. 130.

(2) M. Troplong, nᵒˢ. 1035. et 1036. — M. Marcadé, p. 233.

forcerait nécessairement à pénétrer, plus avant que nous ne le voudrions, dans les controverses hypothécaires et dans les difficultés que suscitent nos lois sur les ordres. Nous arrêterons donc ici cette étude.

Dans le cours de notre travail, nous nous sommes quelquefois écarté des solutions généralement admises: nous avons cru devoir, dans l'intérêt même de la vérité, quelle qu'elle soit, signaler les doutes qui s'élevaient dans notre esprit. Mais nous n'avons jamais perdu de vue ces paroles incisives que le fougueux rival de Cujas, François Duaren, adressait aux novateurs du XVIe. siècle : *Commentis veritatem obruunt, quo aliquid paulo argutius nec ab aliis ante excogitatum in medium adduxisse videantur!* Puissent-elles nous avoir préservé de toute erreur !

Notre conclusion sera celle de tous ceux qui aujourd'hui se préoccupent de notre législation sur la propriété mobilière: « Le mouvement industriel et commercial, favorisé par quarante années de paix, en décuplant les capitaux mobiliers, a bientôt rendu manifestes pour tous les défectuosités et l'insuffisance de nos Codes, qui se sont trouvés ainsi débordés par le flot toujours montant de nouveaux éléments de la fortune publique et privée (1). » — Espérons qu'un jour viendra bientôt où, la révolution économique étant accomplie, nos législateurs, éclairés par l'expérience, ne craindront plus de reprendre

---

(1) **Rapport de M. Benech à l'Académie de législation de Toulouse.** *Recueil de l'Académie*, t. I, p. 84 et suiv.

l'œuvre de nos pères, et de faire disparaître ces contradictions et ces obscurités que nous avons cru rencontrer dans l'œuvre, déjà si admirable d'ailleurs, des rédacteurs du Code Napoléon !

TABLE.

POSITIONS.

—

DROIT ROMAIN.

1°. Lorsqu'une obligation a été contractée au profit de plusieurs *rei stipulandi*, chacun d'eux a le pouvoir de faire novation de manière à éteindre le droit des autres. L. 31, § 1, D., *De novationibus.* — *Contra :* L. 27, pr., D., *De pactis.*

2°. Les produits d'une carrière ouverte sur le fonds dotal par le mari ne sont point dotaux et appartiennent au mari, à la différence des arbres non compris dans une *silva cædua* et que le mari a fait abattre. L. 18, D., *De fundo dotali.*—*Contra :* L. 32, D., *De jure dotium.* — Cf. L. 7, § 13, D., *Soluto matrimonio.*

3°. Le père de famille ne pouvait revendiquer les écus payés par son fils, lorsque le préteur les avait reçus de bonne foi et les avait consommés. L. 14, D., *De rebus creditis.* — *Contra :* L. 9, § 1, D., *De senatus consulto macedoniano.*

4°. Un simple pacte suffisait pour engendrer une

obligation naturelle. L. 5, § 2, D., *De solutionibus et liberationibus.* L. 28, C., *De pactis.* — *Contra :* L. 1, § 2, D., *De verborum obligationibus ;* L. 1, § 4, D., *De pecunia constituta.*

DROIT FRANÇAIS.

1°. Le subrogé-tuteur n'a pas qualité pour provoquer, au nom des mineurs, l'interdiction du tuteur.

2°. L'art. 694 ne s'applique pas aux servitudes discontinues.

3°. L'interdiction de convoler écrite dans une donation faite par contrat de mariage est licite, en ce sens que l'époux qui convolera perdra le bénéfice de la donation.

4°. Un fait antérieur au mariage ne peut donner lieu à séparation de corps.

5°. La femme étrangère légalement divorcée dans son pays peut valablement contracter mariage en France, avec un Français, du vivant de son ancien conjoint.

6°. Les créanciers de la communauté n'ont pas sur l'actif de la communauté de droit de préférence, à l'encontre des créanciers personnels de l'époux.

7°. L'aliénation de l'immeuble dotal, consentie par

le mari seul, est complètement nulle comme vente de la chose d'autrui, et peut être attaquée pendant trente ans.

DROIT PÉNAL.

1°. La pénalité édictée par l'art. 308, C. N., contre la femme adultère est sujette à la prescription de trois ans.

2°. L'interdiction légale peut résulter d'une condamnation par contumace.

DROIT INTERNATIONAL.

1°. Les Cours Sardes ne peuvent exiger que les parties, avant de demander l'exécution des décisions françaises, leur présentent des lettres rogatoires émanées des Cours de France.

2°. Mais les Cours de France ont le droit d'exiger, en vertu du traité de 1760, que les Cours Sardes leur adressent des lettres rogatoires.

Lu :

Le Président de la thèse ,

A. BERTAULD.

Vu par le Doyen :

C. DEMOLOMBE.

Permis d'imprimer :

Pour le Recteur absent,

L'inspecteur d'Académie ,

F. VENDRYÈS.

Caen, typ. de A. Hardel.

www.ingramcontent.com/pod-product-compliance
Lightning Source LLC
LaVergne TN
LVHW021148050726
842519LV00002B/542